モダニズムの壁　装飾から構成へ　写真・文｜下村純一

Meaning of Walls in Modern European Architecture by Junichi Shimomura

● エディトリアル・ディレクター―――赤平覚三
● デザイン――――――――田村祐介
● 題字――――――――斉藤竹風

Meaning of Walls in Modern European Architecture
Copyright © 1984 Graphic-sha Publishing Co., Ltd.
1-9-12 Kudankita, Chiyoda-ku, Tokyo 102, Japan.
ISBN4-7661-0320-3

Edited by Kakuzo Akahira
Designed by Yusuke Tamura
Calligraphy: Chikufu Saito

Printed in Japan

First Printing, 1984

目次 Contents

豊饒と多彩　中村敏男

ヘルマン・ブロッホが言うように、「ある時代の本質的特徴は一般にその建築術上のファサードによって読み取られるものだ」とすれば、今世紀が経験した二つの世界大戦はどのように建築のファサードに自らを刻印したのだろうか。それとも、建築的顕現が許されぬほどに、それは非本質的に過ぎなかったと言うのであろうか。

豊饒の近代、と言う。けだし、世紀末から、ボーア戦争、第一次大戦を経て、第二次大戦勃発に至るまでの数十年間に継起した運動、宣言、制度、示威、出版の多数をもってそう名づけるのであろうか。そう言う現象相互に見られる共振、干渉、排斥、共軛の故にそう呼ばれるのであろうか。

1920年代に出版された三冊の建築書がある。アドルフ・ベーネの〝Ruf zum Bauen〟（建設への召集）、ヴァルター・グロピウスの〝Internationale Architektur〟（国際建築）グスタフ・アドルフ・プラッツの〝Die Baukunst der Neusten Zeit〟（最新の建築）である。これらの著書に登場する建築家は、出版年が1920年、1925年、1927年、とわずかな違いにも拘らず明瞭に異っている。ブルーノ・タウト、ヴェンツェル・ハブリック、ヘルマン・フィンステルリン、パウル・ゲーシュ、カール・

PROLIFIC AND VARIEGATE
Toshio Nakamura

Hermann Bloch once wrote that "the essence of an age may be read from its architectural facades". If we follow on from this, then have the two world wars experienced by this century somehow left their mark on architectural facades? Or is it that, to the extent architectural appearances can be excluded, their impact is no more than insignificant?

We say the "Prolific Modern". Perhaps it is so named because a great number of movements, declarations, systematization, demonstrations, and publications have appeared continually every ten years or so since the end of the last century ..... passing through the Boer War and First World War right up to the Second World War. I wonder if it is called the "Prolific Modern" because of the resonance, interference, exclusion, and conjugation which are apparent in those phenomena?

There are three architectural books which were published in the 1920's. They are Adolf Behne's "Ruf zum Bauen", Walter Gropius' "Internationale Architektur", and Gustav Adolphe Platz's "Die Baukunst der Neusten Zeit". The architects who appear in these works, in spite of the slight difference in the dates of publication (1920, 1925, and 1927 respectively), are clearly very different. Bruno Taut, Wenzel Hablicke, Hermann Finsterlin, Paul Goesch and Karl Krayl do not appear in "Internationale Architektur" and Heinrich Tessenow, Paul Schmitthenner, Fritz Höger, Fritz Schu-

クライルは「国際建築」には登場せず、ハインリッヒ・テッセナウ、パウル・シュミットヘナー、フリッツ・ヘーガー、フリッツ・シュマッハー、パウル・メーベス、リヒャルト・リーマーシュミットが「最新の建築」には登場する。そして、それより20年後に出版されたジクフリート・ギディオンの〝Space, Time and Architecture〟においては彼等全員が抹消されてしまう。近代の豊饒の意味しなくてはならないのはまさにここにあるのではないだろうか。

三冊の著書は、第一次大戦の終結を契機にして生じたユートピア志向の理念へと収斂する建築的想像力が国家権力の体制への批判を通じてイデオロギイとして定立し、ポジティヴな実像を確立したことを示している。特徴的に言えることは、先に挙げた建築家のことご

とくが、1928年に設立されたCIAM（近代建築国際会議）に不参加にも拘らず、彼等の作品のひとつひとつが既往の実像の拒絶と批判として独立し、知的摩擦力を発揮していることである。

歴史とは、ギディオンが言うように、事実の集積ではなくて、それに基いた生の動態への洞察である。そして事実とは擦過し合う作品相互の抵抗力であり、指導理念の幻想のドミナンスに対する倍音である。近代の豊饒はここにあるのではなかろうか。

シュテファン・ツヴァイクの短篇小説に「目に見えないコレクション」というのがある。ドイツ・インフレーション時代のエピソードと副題のあるその物語は、盲いた老軍人が、若い頃に蒐集した版画のコレクションが家族によって生活費に換えられた事を知らずに、

macher, Paul Mebes and Richard Riemerschmidt do appear in "Die Baukunst der Neusten Zeit". What is more, by the time of Sigfried Gideon's "Space, Time and Architecure", which was published twenty years after Platz's book, all of these men have become completely obliterated. Perhaps then it is exactly in this point that we have the reason why we must signify the Modern age as prolific.

These three books indicate that the imaginative power of architects, taking the end of the First World War as a turning point, converged into an Utopian ideal, and firmly established an ideology that criticizes the system of state authority and which establishes a positive image of reality. What may be said to be characteristic is the fact the despite the absence of all of the architects mentioned above in the CIAM, which was organized in 1928, each of their works stands

individually as a rejection and criticism of past images, and exerts the force of intellectual resistance.

History, according to Gideon, is not an accumulation of facts. It is an insight into the dynamics of life which are based upon those facts. Therefore, its reality is in the power of mutual friction of works, and it is the overtone to the dominance of the vision of the leading ideal. It is exactly here that the Prolific Modern should be posited.

Among Stefan Zweig's novels, there is a short story by the title of "A collection beyond sight". The story, which is subtitled as an episode from the period of hyper-inflation in Germany, concerns a blind old soldier who, not realizing that the print collection he had put together in his youth had been exchanged for living expenses by his family, nostalgically remembers the vivid sketches of the great masters by touching with his

何もない白い紙の上にかつてはあった筈の巨匠達の生き生きとした線描を指先でまさぐっては懐旧するのである。この白さこそ、1920年代の建築の持っていた白ではなかったろうか。

触覚的白さが視覚的白さに変換された時、建築は豊饒を放棄し、ひとつの様式を簒奪した。1911年のシュタイナー邸の白、1926年のバウハウス校舎の白、1927年のワイセンホーフ・ジードルングの白、1931年のヴィラ・サヴォワの白、1933年のパイミオ・サナトリウムの白。これがその過程である。繰り返して言うと、意味の白さから形式の白さへの変換である。

1947年、第二次大戦後はじめてCIAM第六回会議が開催されたが、それは戦前の活動の再確認に過ぎないが、その時に出版された報告書 "A Decade of Contemporary Architecture" には近代の意識は最早認められない。その上、同書の再版に寄せたギディオンの序文には注目すべき点がある。「開発途上国」への建築家の関心の喚起、「世界文化すなわちユニヴァーサリズム」と「新しいリージョナリズム」との併存、そして「社会的想像力」の必要、である。折しもル・コルビュジエはロンシャン教会堂を完成させ、ミースはシーグラム・ビルを完成させたが、こうした問題提起が建築的意味を具現化するには、世代の交代が必要であったのである。

同書に収められた作品は、「精神的成長を促し、肉体的かつ情緒的必要に応える物理的環境の創造」という再確認されたCIAMの目的に沿ったものであるが、それが拡散する範囲は、南米諸国を含むものの、依然、西欧中心であ

fingertips sketches which are in actuality nothing more than blank sheets of white paper. Is not this whiteness the very whiteness which the architecture of the 1920's possessed?

When tactile whiteness was transformed into visual whiteness, architecture abandoned prolificacy and assumed on style. The whiteness of the Steiner House (1911), the whiteness of the Bauhaus Building (1926), the whiteness of the Villa Savoye (1931), and the whiteness of the Paimio Sanatorium (1933) are all part of this process. To repeat, it was a transformation from a whiteness as meaning to a whiteness as metaphor.

Although in 1947 the 6th CIAM Congress (the first following the Second World War) opened, it merely re-affirmed its pre-war activities; and in its report, published at that time as a book "A Decade of Contemporary Architecture", the consciousness of the Modern age was no longer recognized. Furthermore, in Gideon's preface, which was added to the second edition, there are several points which ought to be noted. These include the increase of the architect's interest in the "developing" countries, the co-existence of "world culture, namely, universalism" with "the new regionalism", and the necessity of "the social imagination". At that time Le Corbusier had completed the Ronchamp Chapel, and Mies van der Rohe had completed the Seagram Building; and in order to result an architectural product from this kind of questioning, a change of generation was necessary.

The works contained in this same book followed the reaffirmed goal of the CIAM, in that they urged spiritual growth, created a physical environment which responded to both physical and spiritual needs. However,

った。この時期以降、建築のあらゆる意味において決定的要因を形成したのは、西欧ではなく、米国であったのではなかろうか？正確に言うならば、イデオロギイとしての近代建築に代わるものを産出したということではなくて、現代建築をイデオロギイを漂白して提示したと言うことである。これを最も象徴的に表現したのは、"beinache nichts"（殆んど何も無い）であり、ガラスのカーテン・ウォールである。

ダニエル・ベルは1950年代は幻滅の時代、人間性喪失の時代だと言う。一見、新旧世代の建築家が、CIAMの崩壊を介して開花させた作品は隆盛に見えるが、それは豊饒と言うには発生の契機を欠いていたのではないか。イーロ・サーリネン、ポール・ルドルフ、ＳＯＭ、フィリップ・ジョンソンといった米国の

建築家が、脱イデオロギイの、大衆社会成立を背景にして登場したが、その作品を透過して見えるのは、前衛の役割の勝利なぞではなく、前衛が自らの足場を失っていく様相ではないだろうか？

多彩の現代という。最早近代ではないと言う意味で言えば、Post-Modernと言うことになるだろう。それは消費社会、大衆文化、多様な価値観、快楽主義、道義性の喪失と同義ないしは類似と見られている。近代建築のパイオニア達が活動の場面から退場して、代って現われてきた建築家が渾然となって活躍していた時期を経過して、今、われわれの目前にはギディオンが挙げたユニヴァーサリズムとリージョナリズムの二つの極が同じ強さを持って立ち現われている。この二つの建築的要因が、二つながらに同時に現象していること

the sphere within which these works were scattered, including those in various countries of the southern hemisphere, was as before the heart of Western Europe. Yet, after this period, was not the formation of definitive factors in all interpretations of architecture, of American origin rather than European? More precisely, without producing a replacement for the architecture as an ideology, it indicates the cleansing of ideology from present-day architecture. The things which expressed this most symbolically are the phrase "Beinache Nichts (almost nothing)", and the curtain wall of glass.

Daniel Bell has said that the 1950's was a period of disillusionment and a period of loss of humaneness. At a glance the works that the architects of both the new and old generation had brought to flower through the collapse of the CIAM seem to have prospered. However, did they not also lose the

leitmotif for a prolificacy? The American architects Eero Saarinen, Paul Rudolf, and Philip Johnson, who entered the scene at that time, made the structures of mass society, without ideology their background. Nevertheless, the thing which can be seen piercing their works is not some triumph for the role of avant-garde. Rather, it was perhaps a phase in which the avant-garde continued losing ground.

We also say the "Variegated Present". When we do not mean the earliest modern, we call it Post-Modern, and that is seen to be synonymous with, or at least to resemble, consumer society, mass culture, diverse values, hedonism, and the loss of moral character. The pioneers of Modern Architecture withdraw from the scene of activity, and a period passed in which the architects who appeared in their place mingled together and played an active role. Now, the two poles of univer-

に、意味があるのであって、多彩はその対極間に描かれる磁力線のパタンにほかならないのではなかろうか。

このように今世紀の建築の展開を通時的に見ると、決して一枚の岩盤を形成するような過程を辿ってきたものではないことが分る。それは最初から相互の拒否や断絶をとり込んで進んできた、双極の対立であり、二つとはユニヴァーサリズムであり、リージョナリズムであり、文明と文化であると言えば、これはまた図式的であるだろうか。

ところで、本書はこうした状況の中で、あえて、壁のディテールにのみ関心を凝固させて近代から現代へと受け継がれていなければならないワークマンシップを見出そうとしているのである。それは見え難くなったその痕跡を探り出そうと言うのではなく、むしろ、新

たな痕跡を刻み込んでいこうと言う意図さえ覗えるのである。物体(オブジェクト)の中に物質(マテリアル)を刻みつけているのである。したがって、本書は、前回出版された『織りなされた壁』と合わせて、歴史の視覚化を粧ってはいるが、それは随伴的なことであって、本当の意図は歴史を触覚を通じてわれわれの手に取り戻そうとする試みなのである。

エー・アンド・ユー編集長

salism and regionalism that Gideon gave a rise to us appear before our eyes possessing the same strength. The meaning of these two architectural extremities lies in the fact that they exist together as phenomena at the same time. Is not variegation we see now then no more than the pattern of the lines of magnetic force drawn between two opposing poles?

If one looks at the architectural development of this century diachronically, it becomes clear that by no means did it follow a monolithically straight course. It is an opposition of two poles which have progressed from the very beginning, mingling repulsion and separation. The two poles are universalism and regionalism; and if we also say that they are civilization and culture, is this not also simplistic?

Now, this book within the context of present-day, dares to concentrate its attention only on the details of walls, and it attempts to find the workmanship that must have been handed down from the modern period to the present day. It is not attempting to find traces of the workmanship which are difficult to see. Instead, only the intention to carve out new traces is apparent. It is aimed that any object should be materialized. Consequently, this book, together with the author's previous publication, "Decorated Walls of Modern Architecture", presents a visualization of history, though that is incident to its seemingly purpose, which is an attempt to put history back into our hands through direct experience, the sense of touch.

A+U Editor in Chief

グラスゴー美術学校 1897-1909

チャールス・レニー・マッキントッシュ 作

この美術学校の二期に及ぶ建設期間は、マッキントッシュの活動の最盛期にほぼ一致する。ゴシック・リバイバルからアール・デコへと向かう作風の変化が現われた、重要な作品といえるだろう。

正面ファサードの非対称な構成、錬鉄材を用いたスタジオの開口部、東立面のマッシブな壁面とは対照的に垂直に立ち上がる西立面のベイ・ウィンドウ、二層構造の図書館などはあまりにも有名である。南面隅では、最も初期のカンティレバーが試され、マッキントッシュの植物写生室になっていた。

Glasgow School of Art, Glasgow, 1897—1909
Architect: Charles Rennie Mackintosh, 1868—1928

The two periods during which this art school was built concide with the most active years of Mackintosh's career. This school is one of his most important works and demonstrates his transference from Gothic Revival to Art Deco. This building is also noted for the non-symmetrical construction of the front facade, the opening of the studio made of wrought iron, the vertical bay windows on the west perpendicular plane in contrast to the massive wall surface on the east perpendicular plane, and the double-structured library. At the corner of the south section, the most primary cantilever beams were used as an experiment, and Mackintosh used to sketch plants there.

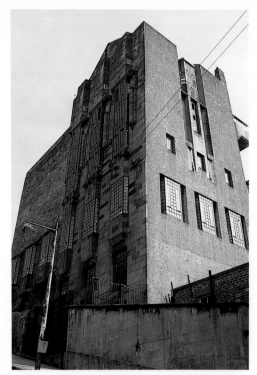

図書室を含む南西コーナー全景。ラフキャスト仕上げの南面に対し、西面の石壁は厚さを三段階に変化させる細やかな仕上げで、壁とベイ・ウィンドウの関係も逆である。

Full view of the south-west corner including the library. Compared with the rough cast finish of the south wall, the west stone wall is conspicuous with its three different thicknesses, and the relationship between wall and bay window is different.

道路からセット・バックした正面には、鳥をモチーフにしたと思われる錬鉄のフェンスがめぐらされている。▶

At the front, which is set back from the road, the brick-iron fence with its bird motif is hedged around.

一期工事の東面では、スタジオ部のマッシブな壁面と事務室などの採光窓とが強烈な対比をみせる。壁に埋没した会議室の円筒窓が、ファサードの緊張感を和らげている。

At the east side of the first construction, the strong comparison between the massive wall surface inside the studio and the lighting windows in the office is clear. The cylinder-shaped window buried in the wall of the conference room softens the strain of the facade.

西面、建築教室のベイ・ウィンドウのモールデング。

Moulding of the bay windows in the architecture room on the west side.

二層構造の図書館。形態には中世のメナー・ハウスのギャラリーからの転用が認められる。

Double-structured library which adopted its style from the Manor House of the Middle Ages.

図書館のギャラリーから下がるそろばん模様のパネル。表面が湾曲し、光の反射に変化をつけている。

Abacus-patterned panel below the gallery of the library. The surface is curved and reflects light.

防火塗装の階段壁面には、セラミック・タイルの特徴的な▶
方眼模様がつけられている。

On the fire-proof stair wall, a remarkable graphic pattern of ceramic tiles is displayed.

コロニア・グエル教会 1898-1916

アントニオ・ガウディ 作

ワイヤーの描くカテナリー曲線を利用した模型から、10年の歳月をかけて構造決定したこの地下礼拝堂には、ガウディの構造手法と空間構成の全容が表現されている。

湾曲した玄武岩の柱が動員され、ヴォールトのリブは、樹々の枝のように連続する複雑な分岐を示している。外壁は板状煉瓦と自然石による荒積みで、ヴォールトやステンド・グラス窓には、タイルのモザイクが施された。

ゴシックの建築体としての完成を目指していたガウディにとって、構造自体も装飾へと溶け込むことが必要であったのだ。

Eglise de la Colonia Güel, near Barcelona, 1898–1916

Architect: Antonio Gaudi, 1852–1926

It took Gaudi ten years to determine the structure of this church since he made a model with wire in a catenary curve. This underground chapel presents his typical method of structure and his splendid ability to construct space. The curved pillars are made of basalt, and the rib-vaults express a continuously complicated divergence, like branches of trees. The exterior walls are made by rough masonry with brick plates and natural stones. Mosaic tiles are used for the vaults and the stained glass windows. It was necessary for Gaudi, whose aim was reevaluation Gothis architecture, that the structure itself should merge into the ornamentation.

外観を特徴づける奇妙な形態のステンド・グラス窓。外壁は、内部の傾斜した柱と呼応して傾いている。ガウディの考えたゴシック建築の完全な姿をみることができる。

The unusual shapes of the stained glass windows characterize the outer appearance. The outer wall leans in response to slanted inside pillars. The complete shape of Gothic architecture which Gaudi was aiming for can be seen.

外壁の基本構造材は、板状の硬質煉瓦である。その間に、▶玄武岩の小片を不規則に埋め込み荒い肌合いを出している。開口部分には、防水用に、ガラス・モザイクを施した縁取りがなされている。

The basic construction material for the outer wall is solid brick. The pieces of whinstone buried irregularly express a rough grain. At the opening, there is a border of glass mosaic for waterproofing.

地下礼拝堂のみの建設で終ったために、外観は松林に埋もれ、木の肌とよく調和する。祭壇側は地下に隠れている。

Because of finishing only the construction of the crypt, the outer appearance is buried in a pine wood, harmonizing with the trees. The altar side is hidden underground.

パレ・ストックレ 1904-1911
ヨーゼフ・ホフマン 作

白大理石の薄板を外壁に貼りめぐらし、開口部の表現を厳格に抑制したこの邸宅は、どことなく記念碑めいた退廃的な雰囲気を漂わしている。塔頂部には、オルブリッヒがゼツェッション本館に採用した月桂樹の小ドームを戴冠し、4体のアトラス像から流れ落ちる金箔を押したブロンズの縄が、建物の輪郭を縁取り、その閉鎖性を強調する。

ウィーン工房の創立者であったホフマンのディテールに対する執着が、近代との相剋のなかに浮かび上がってくる作品なのである。

Palais Stoclet, Brussels, 1904—1911
Architect: Josef Hoffman, 1870—1956
This residence, with its exterior walls of white thin-plated marble and the strictly controlled expression of the openings, has a somewhat monumental air of decadence. At the top of the tower there exists the same small dome of laurel as Josef Maria Olbrich adopted in the Sezession Main Building. The bronze ropes with gold foil, falling down from the four Atlas statues, brim the outline of this building and insist on its closedness. The insistence on detail by Hoffman, a founder of Wiener Werkstätte, can be seen in the conflict with modern architecture.

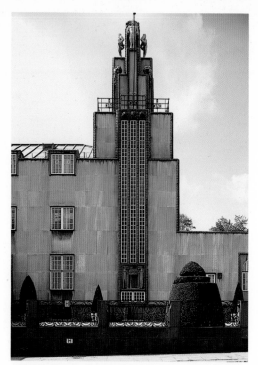

外観の中心をなす塔。流れ落ちる滝のような縁取りの縄が、輪郭の幾何学性を強調する。

Central tower seen from the outside. The border ropes resembling a waterfall emphasize the geometrical style of outline.

塔中央には、階段ホールの採光窓が帯状に走っている。クリムトの「接吻」を暗示するレリーフが壁面に収められている。

The lighting window of the stair hall runs like a belt through the central tower. Relief rather reminiscent of "Kiss" was applied to the wall.

正面からの全景。手前に渡り廊下形式のバルコニーがある。あまりの豪奢な佇まいのために、当時この王宮側の正面に玄関を設けてはならぬという指示が出されたという。

In the foreground of this full view of the front there is a balcony in the shape of a corridor. Because of its extreme magnificence, construction at the front door facing toward the king's palace was prohibited in those days.

玄関側正面。ゼツェッション運動の守護神である乙女戦士
アテナの像が玄関屋根上に掲げられた。大理石板によって
組積造のテクスチュアが隠され、窓割りのみによる表現で
ある。

Front view of the entrance. The statue of Athena,
the patron goddess of the Secession Movement and
woman warrior, stands on the entrance porch. The
use of marble plates to hide the texture of masonry
structure, means that the character is visible only
in the window layout.

輪郭線を強調し壁面の平面性を出す表現手法は、しばしば
ワグナー派のドローイングで用いられていた。

The expression technique which emphasize the
outline and composes the flatness of the wall sur-
face is that often used for the drawings of the
Wagner school.

スウェーデン南部の伝統的な教会形態にゴシック様式を加味した複雑な外観だが、プランは、非常に明解な中央十字形である。

This complicated outer appearance adds Gothic style to a traditional church style in Southern Sweden, but the plan is very clearly a Latin cross.

グルントヴィ教会 1913-1940

ヤンセン＆カーレ・クリント 作

オルガン教会の異名を持つ、詩人グルントヴィを記念するこの教会は、クリーム色の煉瓦約5,600万個を唯一の構造単位にしている。ゴシック聖堂を模したその巨大な空間を支配するものは、清冽さ以外の何ものでもない。素材と工法の単純さは、壁や柱はもちろんのこと、祭壇や階段や、手摺に至るすべてが同一煉瓦の積み上げからなることで諒解され、その単純さが、禁欲的な佇まいへと結晶する。ニーロップの市庁舎に代表されるナショナル・ロマンティシズムの饒舌さとは対照的な、寡黙な北欧近代デザインの一端である。

Grundtvig Church, Copenhagen, 1913–1940
Architect: Jensen Klint, 1853–1930
This church, with its nickname "Organ Church", was built in commemoration of the poet Grundtvig, and has 56 million units of cream-coloured brick. To conquer this huge space in imitation of a Gothic cathedral is nothing but purity. The simplicity of the materials and of the engineering is easily understood by the use of the same bricks, not only for walls and pillars, but also for the sanctuary, stairs, handrails and so on. The simplicity crystallizes into the ascetic appearance. This church is one of the reticent North-European modern designs, in contrast with the City Hall by M. Nyrop, which represents the garrulity of National Romanticism.

柱やヴォールトも、同一煉瓦の規則的な繰り返しで造られ、化粧積みはない。

The pillars and vault were made with the same regular layout of bricks, and there is no decoration pile.

照明や取手などのディテールには、磨き上げられた真鍮を使い、色彩の統一を図っている。

For detail such as lighting and handles, polished brass is used with plain colour-unity.

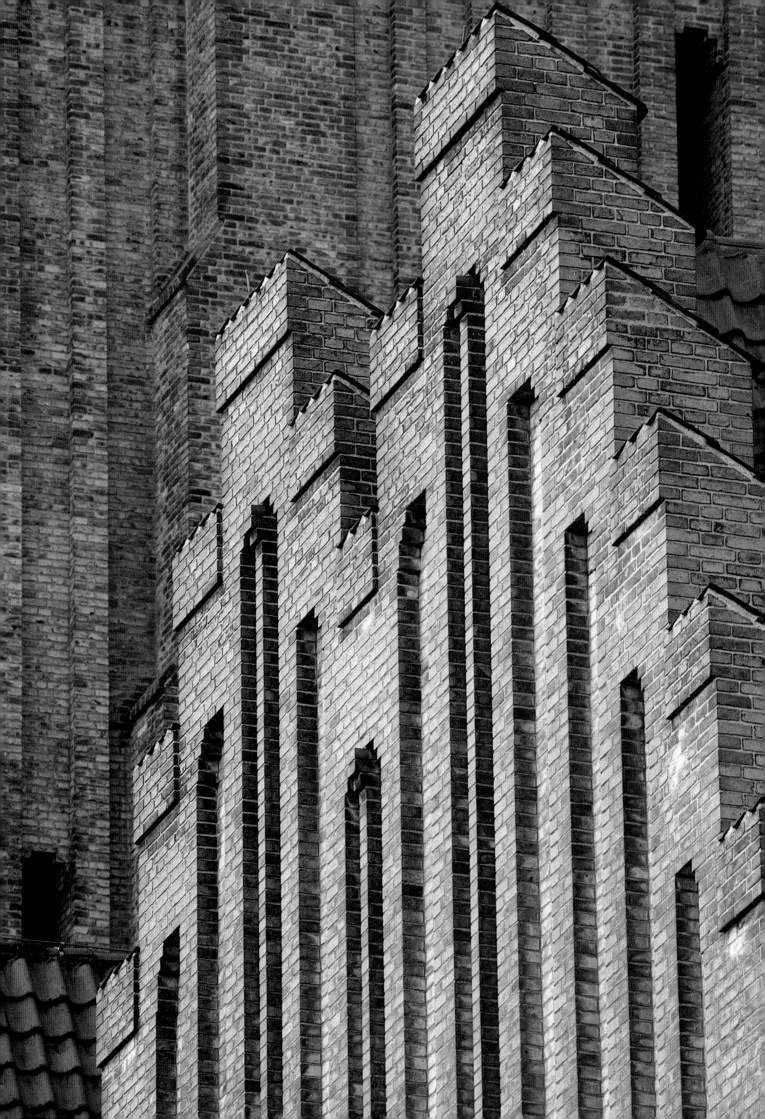

▶ 煉瓦積みの造形的可能性の追求に生涯を費したクリントは、北ドイツに伝わる段状の切妻を、正面と側面に用いた。

Klint, who spent his whole life in search of the mastery of the art of brick piling, used a stair-shaped gable of North German tradition for the front and side.

煉瓦の説教壇。形は最小単位の煉瓦の積み方の操作のみで与えられる。椅子は息子カーレ・クリントのデザイン。

This pulpit is made of bricks. The variety of form is provided by controlling the smallest units of piling bricks. The seats were designed by his son, Kare Klint.

チリハウス 1923-24

フリッツ・ヘーガー 作

北ドイツの表現主義を代表するこの建物は、
3つの中庭を囲む巨大な船形を呈している。
鋭く伸び上がった東端部は、ミースのガラス
建築計画(1919)に類似する。南立面はゆるや
かにS字形の湾曲を描き、その間に矩形の窓
が夥しい整列をみせている。細部意匠は異常
なほどの密度に仕上げられ、手焼き煉瓦の変
則的な積み方や海にモチーフを求めた彫像な
ども付されている。

1920年代のハンブルクにおける煉瓦建築の隆
盛は、シェーアバルトの「ガラス建築」と対
をなすシューマッハーの「今日の煉瓦建築の
本質(1917)」によっている。ドイツ表現主義
の2つの流れである。

Chilehaus, Hamburg, 1923–24

Architect: Fritz Höger, 1877–1949

This building representing expressionism in
North Germany has a huge boat-shaped
appearance, with its enclosure of three court-
yards. The sharp vertical lines of the east
edge are similar to those of the "Glass Archi-
tecture Project" of Mies (1919). The south
vertical plane has a loose S-shaped curved
line, with a great many arrangements of
rectangular windows. The design is finished
in extraordinary and intense detail. The
irregular piling of manually-burnt bricks
and the sculpture inspired by the maritime
air are other distinctions of this building.
The prosperity of brick architecture in the
1920's in Hamburg depended on Fritz Schu-
macher's "Das Wesen des neuzeitlichen
Backsteinbaues" which was a counterpart
to P. Scheerbart's "Glasarchitectur". They
are the two schools of German expressionism.

海運都市ハンブルクの象徴でもあるかのように、全体は巨
大な船の形を呈している。
Like a symbol of Hamburg, the port city, the
whole building resembles a huge ship.

鋭く尖った東端部の基礎には、東洋的な雰囲気を持つ列柱
が付けられている。
For the base of the sharply-pointed east edge,
pillars of oriental taste are placed in a row.

壁面のディテールは異常なほどの変化に富み、様々な化粧
積みがみられる。
The detail of the wall surface has extraordinary
divergence and various decorative pile can be seen.

南側のＳ字形を描くファサードでは、角度によっては窓が▶
消え、２枚の煉瓦で構成されたフレームだけの壁面となる。
On the south side's S-shaped facade, windows dis-
appear depending on the angles, and the wall sur-
face is composed as if only of two-brick frames.

シュレーダー邸 1923

ヘーリット・リートフェルト 作

平面が100㎡強のこの小さな住宅は、ヨーロッパに最も早い時期に登場した近代建築の一つである。デ・スティルの抽象絵画手法を三次元に拡大した建築といえる。2階では可動仕切りによって、固定要素が階段と溶室のみのオープン・スペースが実現された。

外観に顕われたように、壁やバルコニーや窓などの構成要素が、面としての表現を強調する。構造は床スラブを除いて、煉瓦の耐力壁と木造である。グロピウスが鉄筋コンクリート造と誤認した事実は、この造形がいかに近代建築のイデオロギーと合致したものであったかを、如実に物語っているだろう。

Schröder House, Utrecht, 1923
Architect: Gerrit Rietveld, 1888–1964
This small house, with a little over 100 square meters of floor area, is work of the earliest modern architecture in Europe. It can be described as architecture enlarged from an abstract drawing after the style of De Stijl, into a three-dimensional work. On the first floor, by means of flexible partition, the open space of fixed elements only stairs and bathrooms is realized. The structural elements, such as walls, balconies and windows, emphasize the expression of a face, as the external appearance shows. This house

デ・スティルの基本色を決定したシェーンメーカースによると黄色は光線の運動を表わすもので垂直性を示すという。

According to Dr. Schoenmaekers who decided the prime colours of De Stijl, yellow denotes light movement and verticality.

is a wood structure supported by brick, except for slabs. The fact that W. Gropius mistook the structure for a reinforced concrete structure clearly shows how this form coincides with modern architectural conception.

19世紀のテラスハウスとの違いを強調するために、壁を接して建てられた。

To emphasize the difference between terrace houses in the 19th century, it was built closer to the wall.

2階コーナー部では、Ⅰ型鋼の活用によって柱が除かれて▶いる。こうした形が図面ではなく模型から生み出されているのでそれは抽象ではないとリシツキーは書いている。

On the first floor corners pillars are excluded by using I-shaped steel. Because these shapes were created not from drawings, but from models, E. Lissitzky has described it as not abstract.

北側からの全景。事務室部の低い帯状の窓がデザインの重要なポイントとなっている。

Full view from the north side. The belt-like low windows of the office are the importatnt point in the design.

ヒルヴァーシャム市庁舎 1924-1931

ウィレム・マリヌス・デュドック 作

デュドックはこの市庁舎建設にあたって、記念碑性とともに地域色を残したかった、と書き記している。

全体は平坦な屋根の多用によって、様々なヴォリュームが段階的に迫上がってゆくような表現である。この水平を強調する造形に、ライトの影響があることは間違いない。一方のインテリアは、大理石と金属光沢とを活用したアール・デコ調である。つまりこの市庁舎は、折衷的な手法によって完璧さを期したのである。なお外壁を被う優雅な煉瓦は、通常よりも長く薄いデュドックの特注サイズである。

Hilversum City Hall, Hilversum, 1924–1931

Architect: Willem Marinus Dudok, 1884–1974

When building the City Hall, Dudok wrote that he wanted to maintain the local colour and the commemorative character. By using many flat roofs, the whole building expresses a variety of gradually increasing volume. There is no question that this style of emphasizing horizontality contains the influence of Frank Lloyd Wright. On the other hand, the interior is Art Deco, using marble and the luster of metal. In other words, his aim was to have a perfect blend of the two schools in this City Hall. Also, graceful bricks, longer and thinner than usual, used to cover the outer walls, were specially ordered by Dudok.

塔を中心に、建物は幾つもの段階を持つブロックの集合体となった。壁面の煉瓦は 23.0×4.0×10.5cm という優雅なプロポーションで、仕上げは完璧に近い。

With the tower in the center, the building became an aggregate of blocks, consisting of many phases. The 23cm x 4 cm x 10.5cm bricks are in elegant proportion and the finish is almost perfect.

煉瓦の色彩は、かつてこの地方に繁殖していたソバの実に▶ちなんで選択された。柱が後方に下げられ、スチール・サッシュの窓が壁面を貫通している。

The bricks' colours was selected apropos of the buckwheat which was grown in this district. The pillars were put to the back and steel sash windows penetrate the wall's surface.

水平線の支配する造形だが、こうした細身の垂直窓も効果
的に活用されている。

The moulding is dominated by horizontal lines, but
this kind of vertical windows are used efficiently.

池に接した南側ファサードでは、白く張り出した軒などラ▶
イトの影響が特に強く現われている。

On the south side facade near the pond, the influ-
ence of F.L. Wright is shown particularly strongly
by the white overhanging eaves.

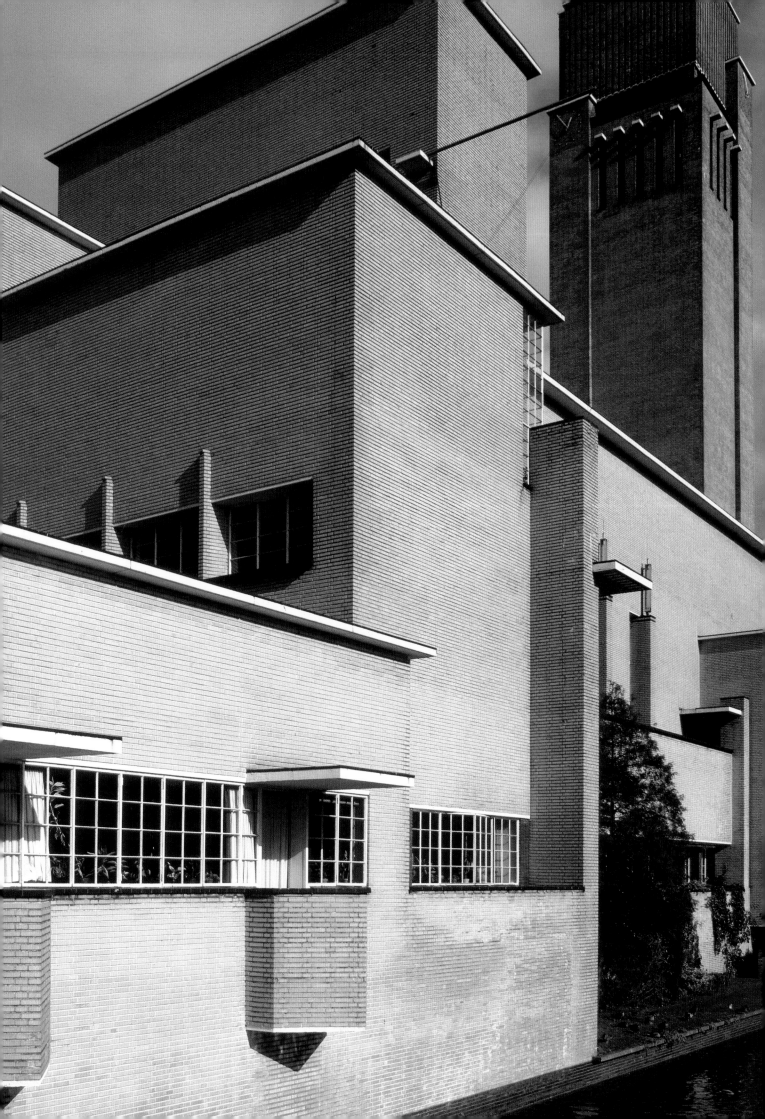

ファン・ネレ工場 1927-1930

ヨハネス・ブリンクマン＆ファン・デル・フルーフト 作

8階建ての工場棟、湾曲した管理棟およびサービス棟からなるこの工場は、インターナショナル・スタイルの一つの結論的な表現となった。工場棟ではマッシュルーム・コラムとコンクリート・スラブで、カンティレバーによる完全なカーテン・ウォールを実現した。殊に三方をガラス面に囲まれた階段ホールは、透明感と軽快さをいかんなく表現している。宙を走るベルトコンベアーや屋上カフェテリアの形態など、この建物は近代生産そのものの象徴と化した。それは、ル・コルビュジエをして、これに匹敵しうる作品が他にあるだろうか、と絶讃せしめたほどである。

Van Nelle Factory, Rotterdam, 1927–1930
Architect: Johannes Brinkman, 1902–1949
& Van der Vlugt, 1894–1936
This factory is composed of an eight-storey plant, a curved administration building and a service building.   It has become the conclusive expression of an International-Style. In the factory mushroom columns and concrete slabs portray a complete curtain wall on a cantilever.   In particular the stair hall, three sides of which are surrounded by glass, fully expresses the feeling of transparency and lightness.   Such things as the conveyor belt which runs in the air, and the cafeteria on the rooftop, have made this building the symbol of modern production itself.   Le Corbusier had great praise for this building and said there was no work to compare with it.

湾曲した管理棟にあたかも貫入するかのように食堂棟が結合し、その後方に工場棟が控えるという複雑な構成の外観。
As the dining room building is connected to the curved administration building, as if penetrating it, and the factory building faces the back, the outer appearance is complicated.

工場棟上部の詳細。円形の展望喫茶室や水平窓、手摺など、巨大な機械の一部をみるようである。この工場が新即物主義的な表現を内包したものである証左であろう。
Details of the upper part of the factory building. The circular-shaped tea-room, with its fine prospect, the windows and handrails are like part of a huge machine. This factory is testimonial expression of Neue Sachlichkeit.

壁面を構成するガラスとスチールは、軽快さ以外の何もの
も目指してはいない。

**The aim of the glass and steel which omprise the
wall surface is nothing but lightness.**

工場端部の階段ホールと、管理棟と工場を結ぶ渡り廊下。▶
メカニカルな表現の中でスチールは繊細さを獲得している。

Stair hall of the factory building and a passageway
which connects the administration and factory
buildings.　With its mechanical expression, steel
gains a sense of delicacy.

中央の中庭に面した巨大なファサード。翼のように左右に伸びたバルコニーと塔の垂直性が、デザインの基本となっている。

This huge facade faces the central courtyard. The balcony stretching right and left, like wings, and the vertical style of the tower are the basic factors of the design.

カール・マルクス・ホフ 1927-1930

カール・エーン 作

1920年代のウィーンでは、市の外周部に20余りの市営集合住宅が建てられた。そのうちで最大かつ最もモニュメンタルな相貌を呈したものが、1,382戸の住居を含むカール・マルクス・ホフである。

イギリスの高密度配置計画に基づいたそのファサードの全長は、1キロに及んだ。中央部には巨大なアーチによる開かれた中庭を持ち、左右それぞれに閉じた中庭を配してはいるものの、日照など多くの問題を残している。その大まかな外観に、ウィーン・ゼツェッションの名残りは既にどこにも見い出せない。

Karl Marx-Hof, Vienna, 1927–1930
Architect: Karl Ehn

In vienna in 1920's, more than twenty municipal community dwellings were built in the suburbs of the city. Of these, the largest and the one with the most monumental appearance is the Karl Marx-Hof, which consists of 1,382 units. The total length of the facade of the building, which was based on England's high-density planning, reached one kilometer. Though it has a courtyard, which is entered through a giant arch, in the central part, and closed courtyards on both right and left sides, many problems such as sunshine still remain. The traces of Vienna's Secession have already disappeared in the rough external appearance.

アーチ中央に形骸化した要石が楔のように打ち込まれている。

The ramins of a pivot stone have been driven as a wedge in the centre of the arch.

左右の閉ざされた中庭に面した入口。　　　　▶
This entrance faces the courtyard closed in on right and left sides.

大柄なアーチやバルコニーや壁面からディテールが消え、ゼツェッションの持つ美しい近代は断ち切られた。

The detail vanishes from the huge arch, the balcony and the wall surface. Secession's false modernity is severed.

巨大な軀体に比べあまりに小ぶりな入口は、ファサードのモチーフの反復である。

The small entrance compared to the huge body repeats the facade's motif.

ヴィラ・サヴォワ 1929-1931

ル・コルビュジエ 作

近代建築史上最も有名な住宅で、1920年代の
ル・コルビュジエの建築理念の結論が示され
ている。柱と床スラブが鉄筋コンクリート造、
外壁は煉瓦の組積造である。

近代建築の五原則(1926)が、ほぼ完全に近い
形で実現され、内部の円柱は、柱と間仕切り
との機能分離を表現するために、間隔を異に
した配置がなされている。内部プランは、斜
路を軸に展開され、水平窓が四周を走る処理
に、外部に対する閉鎖性が強く現われている。
これまでは白一色と考えられてきた外装が、
部分的に淡いグリーンやピンク、紫などを使
用していたことが最近明らかにされた。

Villa Savoye, Poissy, 1929—1931

Architect: Le Corbusier, 1887—1965

This house is one of the most famous in-
dividual houses in the history of modern
architecture, presenting the 1920's conclusion
of the architectural principles of Le Corbusier.
The pillars and floor slabs are made of rein-
forced concrete, and the exterior walls are of
brick-masonry. The five principles of modern
architecture (1926) are almost perfectly
expressed in this house. The inner columns
are irregularly arranged in order to portray
the functional separation of pillars and
partitions. The inner plan is designed mainly
with ramps and the use of horizontal windows
on each section of the house remind us of
remoteness from the outer world. It was
recently revealed that the exterior walls
had been partially painted in light green,
pink and purple, although it was commonly
thought that only white had been used.

アプローチを反転した南正面。左右両側面では床スラブの
突出がほとんどみられない。

This south elevation is the inversion of the ap-
proach. There is almost no projection of floor
slabs in either right or left side.

プランの要となる斜路は、階上庭園へと連続する遊歩廊である。風防中央の窓や水平窓が風景を切り取り、内部は閉鎖性の強い空間となっている。

The slope, which is the key to the floor plans, is an Architectural Promenade which continues to the upper garden. The central windows of the windbreak and the horizontal windows intercept the scenery, and the inside has become a strong closed space.

自動車の誘導路でもあるピロティ。玄関ホール側はガラスの曲面に仕立てられ、採光を図っている。手前のスチール・ドアは、勝手口である。

This piloti is also useful as a driveway for cars. The curved glass of the entrance hall is planned for light, and the door in the foreground is the kitchen entrance.

使用人のサービス用階段はU字形を描き、1階のU字形プランを繰り返したもの。
The stairs for the use of workers is U-shaped and reflects the U-shaped plan of the ground floor

2階のホールとリビングとを仕切るガラス扉。階上庭園側の大ガラス戸とともに、内部空間の相互の連続性を強調している。

This glass door divides the hall of the first floor and the living-room. Together with the large sliding glass doors by the roof garden, it emphasizes the continuous character of every inside space.

外壁を印象強くしている黒色ガラスの大柄な格子は、床スラブと外壁の荷重を支える窓間壁を被覆したものである。

The large black grill of black-coloured glass, which emphasizes the expression of the outer wall, covers the floor slabs and the trumeaux which support the weight of the wall.

デイリー・エクスプレス本社 1930-32

オーウェン・ウィリアムズ 作

ノッティンガムのブーツ製薬工場で知られる構造家オーウェン・ウィリアムズによる6階建ての新聞社屋である。漆黒のカーテン・ウォールとコーナー部の曲面ガラスなどが、近代主義とアール・デコとの二重性を物語っている。

カーテン・ウォールに使用された黒色ガラスは、規則正しい格子のクロムめっきのスチール板で固定された。玄関のホールは、ロバート・アトキンソンのデザインで、ロンドンに現存する最良のアール・デコ・インテリアといえよう。鋭く金属光沢を放つ天井やレリーフは、実は金属塗装を施した漆喰なのである。

Daily Express Head Office, London, 1930–32

Architect: Sir. Owen Williams, 1890–1969

The newspaper company's six-storey head office was built by Owen Williams, who is known for the Boots factory in Nottingham. The pitch-black curtain wall and curved glass in the corners reveal the duplication of modernism and Art Deco. The black glass used for the curtain wall was fixed by chrome-plated steel bars in a regular grid pattern. The main entrance hall was designed by Robert Atkinson and we can say that it is the best Art Deco interior which exists in London at the present time. The relief and ceiling which project the sharp luster of metal are, in fact, lime plaster with a metallic coating.

短針に太陽をあしらったアール・デコの小品。

This small Art Deco pieces displays the image of the sun on the hour hand.

玄関ホールの主要内装材は、クロムメッキのスチール板と真鍮、黒色大理石板である。このエレベーター入口は、あたかも華奢な鎧を纏ったかのようである。

The main interior decorating materials of the entrance hall are chrome-plated steel bars, brass and black marble plates. The elevator entrance wears a delicate armour.

外装材の黒色ガラスと窓ガラスは各々3フィート幅で、3板ごとにスチール板で留められている。外観のプロポーションを決めるモデュールになっているのである。

The black glass used for exterior decorating and window glass are each three feet in width. Every three panes are fixed with a steel plate. This is the module which sets the proportion of the outer appearance.

玄関ホールの照明は、光源をデザインで隠した反射光である。金属板の多用も、あながち雰囲気のみではないのだ。固定用のビスがパターンを繰り返すデザインとなっている。

The lighting of the entrance hall is reflected light, the source of which is concealed by the design. The use of lots of metal plate is not only for atmosphere. The screws for fixing repeat a pattern and become a design.

救世軍宿泊施設 1930-33

ル・コルビュジエ 作

浮浪者たちの宿泊施設として、この建物は宿舎のほかに食堂、集会室、図書室、事務室などを含んでいる。宿舎は密閉ガラスによる全館空調を採用した最初の建物であったが、様々な経緯から、戦後ジャンヌレによって開閉式の窓に改修され、ブリーズ・ソレイユが付けられた。

玄関とそれに続くホールでは、ガラス・ブロックを活用している。ピエール・シャローのガラスの家（1931）に触発されたもので、事務室の仕切りや天井でのその使用は、さながら光の壁ともいうべき絶妙な視覚効果を持っている。

Cité-Refuge de l'Armée du Salut, Paris, 1930–33

Architect: Le Corbusier, 1887–1965

This building was built as accomodation for tramps and consists of a dining room, an assembly room, a library, an office, and also living quarters. The living quarters were the first section built and were fitted with a total air-conditioning system and fixed glass windows. After World War II, Jeanneret remodelled the windows into open-close type and installed "brise-soleil" in them. Glass blocks are used for the main entrance and its connecting hall, as Le Corbusier was greatly attracted by the Glass House by Pierre Chareau (1931). The use of glass blocks for the partitions and the ceiling of the office has an exquisite visual effect like a "wall of light".

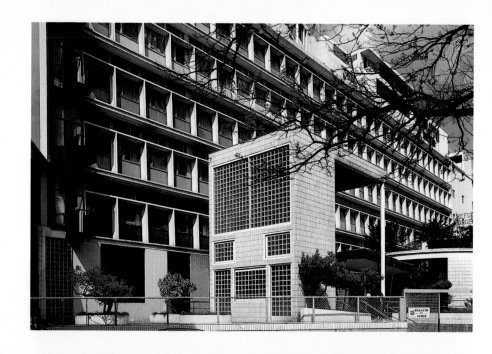

空調経費の維持などの問題で改修されてしまったファサード▲からは、機械のようなカーテン・ウォールが姿を消した。幾何学的な玄関は、オブジェと化しているようだ。

From the facade, which was improved because of the trouble of the air conditioning maintenance cost, the machine-like curtain wall has disappeared. The geometrical shaped entrance is almost an objet d'art.

事務棟のホールは、コルビュジエ好みの円柱や梁が露出し、間仕切りと構造の機能上の分離が視覚化されている。

In the hall of the office building, the columns and beams which Le Corbusier liked, are exposed and the distinction between space division and structural function has great visual effect.

完全な箱形の談話室と階上庭園のガラス・ブロックの床。

Perfect box-shaped lounge and the glass block floor of the upper garden.

光沢のある白色磁器タイルに被われた玄関は、ドミノ計画を彷彿とさせる優雅なプロポーションである。背後のカーテン・ウォールとともに、近代建築の強烈なデモンストレーションであった。

The hall, which is covered with shining white porcelain tiles, has an elegant proportion reminiscent of the Domino house proejct. Together with the curtain wall, this is a strong demonstration of modern architecture.

ガラス・ブロックはひび割れ仕上げを施され、切子細工のようなテクスチュアを持っている。

The glass blocks, with their cracked finish, have the texture of cut glassware.

宿泊棟1階の食堂は、オリジナル・デザインを残している。大ガラスとガラス・ブロック・パネルを交互に配し、密閉されたのである。

The dining-room on the first floor of the living quarters maintains its original design. Large glass panels and glass block panels are arranged alternately and tightly sealed.

水平に拡がる工場棟の両端を納める垂直線を強調した階段ホール。

This stair hall emphasizes the vertical line in both ends of the factory building which spreads horizontally.

階段ホールの採光窓の縁取り。テラコッタによる装飾が、▶素材や形態の鋭さを和らげる。

On the border of the lighting window in the stair hall, the terracotta ornamentation softens the sharpness of the material and the shape.

フーヴァー工場 1932-35

ウォリス・ギルバード 作

典型的なインターナショナル・スタイルが造られる一方で、アール・デコ様式が隆盛を極めたのが1930年代のイギリスである。特に商業ビルやパビリオン、劇場などで、アール・デコは広く認められていた。フーヴァー工場もそうした建物の一つである。

工場棟は、内側に傾斜する巨大な列柱に、色鮮かなテラコッタを施した古典性の強いデザインである。管理棟では、側面の水平窓の機械のような扱いと、正面の曲面ガラスや張出し窓の装飾的な処理との対比が印象的である。幾何学に通俗性が混入する造形が、アール・デコ建築の共通項なのである。

Hoover Factory, London, 1932–35

Architect: Wallis Gilbert

In England, in the 1930's typical international-style buildings were constructed. On the other hand, Art Deco was most popular. It was extensively recognised in commercial buildings, pavilions, theatres etc. Hoover factory is one of these buildings. In the factory, colourful terracotta was applied to the giant leaning colonnades, revealing a strong classical character. In the administration building, the contrast between the horizontal windows, arranged on the side as if with mechanical precision, and the decorative, curved glass of the over-hanging windows on the front is very impressive. The art of blending popular style with geometric is a characteristic in common with Art Deco.

管理棟全景。新即物主義とは対照的に、工業材料のソフィストケートされたデザインを目指すアール・デコの特徴がよく現われている。

Full view of the administration building. In contrast with Neue Sachlichkeit, the features of Art Deco which aims for a sophisticated design of industrial material are shown well.

工場棟ファサードの古典的な風貌を決定している巨大な列柱。ベーレンスのAEG工場との類似性が見出せる。

Row of pillars which determines the classical appearance of the factory building's facade. The similarity to the AEG factory by P. Berhrens is apprearent.

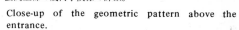

工場棟中央の玄関。門扉や照明、採光窓の形態などがアール・デコの典型的な線を描く。

Central entrance of the factory building. The gate, the lihgting and the lighting windows are described in traditional Art Deco style.

玄関上部の幾何学模様の詳細。

Close-up of the geometric pattern above the entrance.

メンデルゾーンなどの表現主義的な造形も見出せる管理棟ファサードの部分。

On this part of the administration building facade can be seen the expressionism of E. Mendelsohn and others.

カサ・デル・ファッショ 1932-36
ジュゼッペ・テッラーニ 作

イタリア合理主義建築の典型であるこの建物は、正方形平面に高さがその半分という、極めて明瞭な幾何学体である。ファサードはどれもが非対称で、殊に一見するとコリドールのように開かれた正面は、格子背後の事務室、最上階部の欠落、ソリッドな白い壁面の複合という、ソフィストケートされた造形である。閉鎖性の強いマッスであることは、集会用の中央ホールからもうかがえる。ホールは、天井のスカイライトによって十分な採光が図られているが、ガラス・ブロックの壁とギャラリーによって密閉された立体と化している。

Casa del Fascio, Como, 1932—36
Architect: Giuseppe Terragni, 1904—1943
This building, which is very typical of Italian architectural rationality principles, is obviously a geometrical structure, as its height is half its regular square plane. The whole facade is asymmetric, and the open front in particular at first sight resembles a corridor, with the sophisticated blend of the office behind a grid, the lack of a top floor, and the composition of solid white walls. The central assembly hall also suggests the closedness of strong mass. The hall receives full sunshine through the sky-light, but the wall of glass blocks and the gallery make it a closed, solid body.

1階集会ホールのガラス・ブロック壁。間仕切りと柱、梁との関係は、ル・コルビュジエの救世軍宿泊施設と異なり古典的で、空間が柱によって分節されている。

Glass block wall of the assembly hall on the ground floor. The relation of the partition wall, pillars and beams is as opposed to Cité-Refuge de l'Armée du Salut by Le Corbusier. In short, the space is divided by the pillars.

北イタリアの美しい自然とはいかにも対照的な正面ファサード。列柱背後の壁と中央上部の欠落が、建物に閉じた印象を与えている。

Front facade which is contrastive with the beautiful nature of North Italy. The lack of a wall behind the row of pillars and the central upper part give the impression of the building's closedness.

正面の列柱側につながる側面の詳細。　　　　　▶

Close-up of the side elevation connected to the pillars of the front.

正面の白い壁面に連続する側壁は、明らかにマッスとして▶▶の造形に終始し、開口部の配置が格子を暗示する。壁面デザインにも、空間のベイ・システムが反映されている。

The side wall stretches to the white wall surface of the front and is always clearly formative of mass, but the lay-out of the opening suggests a dominant grid. The wall design is the same bay system used for space.

ハイポイントⅠ 1935

ルベトキン＆テクトン 作

イギリスの近代建築運動に先鞭をつけたこの
８階建て鉄筋コンクリート造の高層住宅は、
ル・コルビュジエ流の近代主義が、非常に純
粋な形で実施されたものである。

厳格な双十字平面の中央部に配された２戸を
除く住宅ユニットは、互いに仕切り壁を共有
することがなく、完全なプライバシーを獲得
している。ル・コルビュジエは「このように
人間にとって良好な状態の住宅の実現を、私
は長い間夢見ていた」とその居住性を高く評
価した。エントランス・ポーチや玄関ホール
の流れるような壁、曲面のバルコニーなど、
直線の緊張を和らげるデザインは見逃せない。

ピロティに支えられた双十字形の外観。
Exterior view of the piloti-supported double-cross
shape.

Highpoint I, London, 1935

Architect: B. Lubetkin, 1901– & Tecton
This multi-storied building took the initiative
in the modern architecture movement
in England, with its eight floors built of ferro-
concrete. It is one in which the modernism of
Le Corbusier was executed in style. Except
for two wchich are arranged in the center of
the strict double cross-shaped plan no hous-
ing unit shares a dividing wall with another,
thus gaining complete privacy. Le Corbusier
said "I have dreamed for a long time of this
kind of quality housing conditions for human
beings," as he highly praised the residential
standards. The smooth-flowing walls of the
entrance porch and front hall, and the curved
balconies which soften the strain of straight
lines are characteristics we should not over-
look.

採光用の小穴を穿った玄関ポーチ。車寄せのカーブがラウ
ンジや庭園側のティールームの納まりと対をなしている。

Entrance porch which reveals a small peep-hole for
lighting. The curve which is drawn by the court
entrance, and the arrangement of the lounge and
garden tea-room make a pair.

庭園側1階には、大きく湾曲する斜路とティールームが造られた。継ぎ目をほとんど残さない滑らかな外壁は、コンクリートの凝固にしたがって型枠を垂直に上げて一体化を図るという画期的な工法によって得られた。

On the ground floor on the garden side, a walking ramp and a tea-room were constructed. The smooth outer wall which has almost no joints remaining was achieved by an epochal technique of raising a mould vertically, and making one solid concrete body.

ポーター室のデザインには、アール・デコに共通する優しさが感じられる。

In the design of the porters' room, the gentleness which is common in Art Deco can be felt.

1階のラウンジとホール。ラウンジは冬期の中庭を兼ね、壁面はガラスの方眼格子に密閉されている。ディテールに曲面が多用されて空間の流動感が高められている。

Lounge and the tea-room on the ground floor. The lounge doubles as a courtyard in winter, and the wall surface is closed tightly by a graphic glass grill. The curved surface is used a lot for detail and gives a feeling of floating in space.

たる状に膨らんだリフト・階段スペース。
Barrel-shaped space of the lift and stairs.

17世紀の市庁舎とプロポーションを同一にし、増築部は美しい対をなす。窓を左寄せとすることで市庁舎との一体感を強調している。

The proportions are the same as of the 17th century city hall, so the extension is a beautiful match. The installation of windows facing left emphasizes its being one body with the city hall.

イェーテボリ裁判所増築棟 1937

エーリック・グンナール・アスプルンド 作

設計は既に1913年から始まっていた。その長い年月は、既存の市庁舎(1672)との調和という課題に費された。ストックホルム博覧会で高度に完成された近代建築を実現したアスプルンドは、最終的に増築部を新旧の対比としてとらえたようである。

内部では、構成要素の軽快さを簡潔なディテールによって追求している。すなわち主構造材のH型鉄骨鉄筋コンクリート柱の細さ、極端に薄い床スラブ、透明ガラス張りのエレベーター・スペース、宙に浮遊する雲形の照明などが奏でる澄明さである。

Götengborg Court Annex, Götenborg, 1937

Architect: Gunnar Asplund, 1885–1940
This plan originated in 1913. A long time was spent on the question of how to blend in with the city hall which had existed since 1672. Asplund, who achieved complete modern architecture at Stockholm Exhibition, finally decided to make the enlargement of the building a contrast between old and new. In the inside, the lightness of the structural elements is expressed in simple detail. In other words, the transparent character is expressed by thin H-shaped steel-framed re-inforced concrete pillars as the main structure, and by extremely thin floor slabs, transparent glass-covered elevator space and the lighting which appears to float in the air like clouds.

中庭側ファサードは、カンティレバーの床スラブを利用したガラス張りである。床スラブが、あたかも梁のように表面処理され、旧庁舎の垂直性のデザインと鋭い対比を示す。

The facade facing the courtyard is covered with glass, using cantilever floor slabs. The floor slabs, shaped as beams, contrast sharply with the vertical design of the city hall.

中央ホール2階に、オブジェのように置かれた階段。わず
かに外へ開いた手摺が、デザインの繊細さを如実に伝えて
いる。

◀ 正面ファサードの詳細。Detail of the front facade.

On these stairs, which were installed like an objet
d'art on the first floor of the central hall, the hand-
rail opens out slightly to portray realistically the
delicacy of the design.

鉄のパイプとガラスによって設備を露出したエレベーター・スペース。あらゆるディテールがデザインとなるその様は、新即物主義を更に一歩進めた感覚をうかがわせる。

Elevator space with its exposed iron pipes and glass. Every detail becomes design, indicating the feeling that advanced as one step of Neue Sachlichkeit.

H型鉄骨鉄筋コンクリート柱に支えられた床スラブは、これ以上はないと思われる程の薄さを晒け出している。

The floor slab supported by the H-shaped steel-framed reinforced concrete pillars is extremely thin.

法廷の間仕切り壁は、細い松材を寄せ湾曲を描いている。時計にも木を利用するなど、北欧近代デザインの原型が示されている。

The curved partition wall of the court employs a collection of slender pine wood. The use of wood for the clock depicts the original form of North European modern design.

各種のディテールは、構造や機構を露出することで、空間に付随したものというよりは独立したオブジェとして扱われているのだ。

By exposing its structure and lay-out, each kind of detail is treated as an independent objet d'art, rather than an accessory of space.

側面基部の詳細。柱は台座を表現することで、抽象的な格子と化すことを拒んでいる。
Detail of the side's main part. The pillars expressing the pedestal refuse to become an abstract grill.

ユニテ・アビタシオン 1946-1952

ル・コルビュジエ 作

ル・コルビュジエの都市住宅と都市計画に対する構想が結実した、戦後の建築に多大な影響を与えた集合住宅である。23種の住居 337戸からなるアパートで、都市の共同生活に必要なショッピング・センターなど26種類の社会的機能も含んでいる。ル・コルビュジエに通底する機械への接近が、その機能や形態からして、ここでは豪華客船のイメージを呼び起こすのである。

この建物によって、打放しコンクリートの建築的な美が正当化された。荒々しい肌や悲痛な面持ちで建物を支えるピロティなどの彫塑的な造形が、擬人化という建築のあり方を提示したのであった。

Unité d'Habitation, Marseilles, 1946−1952
Architect: Le Corbusier, 1887−1965
This building is a collective housing complex that had a profound influence on architecture after World War II. It may safely be said that this building is the fruit of Le Corbusier's ideas concerning urban housing and city planning. The apartment block consists of 23 kinds of 337 housing units, and 26 kinds of social facilities necessary for urban community life, such as a shopping center. These functions, Le Corbusier's inherent access to machines and the shape of the building arouse images of a gorgeous passenger liner. The structure also justified the architectural beauty of exposed concrete. Its rough surface and the sculptural art of the piloti supporting the building with a sad appearance offer the kind of personification that architecture should.

コンクリートの荒々しい肌が、建築を擬人化しようとするル・コルビュジエの意図を的確に伝えている。
The rough concrete surface tells exactly Le Corbusier's intention of the personification of architecture.

西正面全景。翼のように大きく突き出た玄関ポーチは、彫刻そのものである。
View of the west facade. The entrance porch, projecting widely like wings, is just like a sculpture.

ブリーズ・ソレイユのコンクリート表面は粗骨材を洗い出して、荒々しさをさらに強調する。▶
The concrete surface of the brise-soleil, with the coarse aggregate washed out, emphasizes wildness.

東正面の壁面。カーテン・ウォールなどの軽快な表現はいっさいなく、建築はその肉体をあくまでも明確に維持している。
The wall surface of the east facade has no expression of lightness, such as is found in a curtain wall, and the building maintains its body exceedingly clearly.

東正面基部のモデュロールのレリーフ。
Relief of the Modulor on the base part of the east facade.

トリノ展示場 1948–49

ピエール・ルイジ・ネルヴィ 作

構造デザインに十分な視覚効果を持たせたネルヴィの最も洗練された表現の作品で、2つの大きな展示場から構成されている。矩形平面の端部に後陣のような半円部が付いたサロンBでは、310フィートのスパンを長さ15フィートのプレキャスト・コンクリート・ユニットが覆う。ユニットは採光窓を持ち、全体がさざ波を打つかのようである。サロンCでは、採光が天井の四周から行なわれ、ダイヤ格子を描くプレキャストの天井が、あたかも宙に浮いたような軽快さを示す。この巨大な空間が、わずか6,7ヶ月の短期間で造られたのであった。

Palazzo per Esposizioni, Turin, 1948–49

Architect: Pierre Luigi Nervi, 1891–1979
This work, consisting of two large pavilions, is the most sophisticated expression of Nervi, who gave full visual effect to structural design. In Salon B there is an apse-like semi-circular part attached to the edge of a rectangular floor. Pre-cast concrete units fifteen feet long, with windows to provide light, cover a span of 310 feet and make the whole thing look like ripples. In Salon C, lighting is provided through the ceiling, which reveals diamond-shaped grills and gives the cheerful impression of floating in space. This huge space was made in the short time of only 6–7 months.

大展示場端部に設けられた円形の後陣。プランは古代のバジリカを踏襲している。

This circular-shaped background is situated at the end of the large exhibition room. The plan copies the basilica of ancient times.

プレキャストの天井ユニットを支える、ゴシックの椰子の葉ヴォールトのようなリブ。

Vault-like rib supporting the pre-cast ceiling unit.

構造の視覚化を目指したという点で、ネルヴィは近代の只中でゴシック形態の再解釈を試みていたように思われる。

The point of Nervi's visualizing the structure seems to be an attempt to expound Gothic style in the modern age.

屋根や壁がすべて湾曲したこの教会は、角度によって印象が一変する。中央に聖母子像を安置した東正面は、小舟のようで極めて静かな佇まいだ。

The impression of this chapel, with its completely curved roof and walls, changes according to the angle. The east front where the Madonna and Child are installed has a very peaceful appearance.

ノートル・ダム・デュ・オー 1950-55

ル・コルビュジエ 作

その彫塑的な形態が、戦後の合理主義建築に大きな衝撃を与えた作品。様々なイメージを喚起する表現主義的な造形は、当時多くの物議を呼び起こしたのであった。古い巡礼教会の再建のためか、伝統的な組積造によって2メートルにも及ぶ壁が築かれた。

建物の要素は、すべてモデュロールの変形によって厳密に割り出されている。戸外での大集会が行なえるように、東正面に祭壇や説教台が付され、光のみによって造形された内部では、光り輝く壁面と重厚な天井との間を、鋭いスリットが走る。東側祭壇上の壁体中に、古い聖母子像が安置されている。

Nôtre-Dame-du-Haut, Ronchamps, 1950–55

Architect: Le Corbusier, 1887–1965

The sculptural form had great impact on rational architecture after World War II. The expressionistic form to provoke various images raised a scandal at that time. To re-build an old pilgrims' church, walls measuring two meters were built, using traditional masonry. The elements of this building are strictly laid out by means of the variations of the Modulor. For a large-scale assembly outside, the sanctuary and the pulpit are installed at the east facade. The inner space is designed only for light, and has a sharp slit running between the shining wall and the grave ceiling. In the wall above the east altar, the old statue of the Madonna and Child is safely installed.

背後の鐘楼と小礼拝堂の採光窓。彫塑的な造形は、コンクリートの可塑性によっていると見られがちだが、壁は基本的には組積造。

The bell tower in the background and the small chapel have a concrete clay-like sculptural form, but the wall is basically masonry structure.

音楽のように自由に壁を穿つ窓。この詩的な窓割りも、モ▶デュロールによって導き出されているのである。

These are the windows which pierce the wall freely like music. This poetic window lay-out depends on the Modulor.

南面からは光が矢のように飛び込み、天井のスリットがこ
の光の横溢を引き締める。

Light comes in like arrows from the south side.
The ceiling slit braces any overflowing light.

コンクリートの天井は、御堂の空間を正面の聖母子像へ向けて絞り込むかのように、重くたれ下がっている。

The concrete ceiling hangs down heavily, as if squeezing the altar space towards the statue of the Madonna and Child in the foreground.

カンサネラケライトス　1952-56

アルヴァ・アアルト　作

三角形の敷地に建つフィンランド国民年金協会のヘッドクォーターで、従業員800人を収容する。煉瓦とブロンズを駆使した外観には、機能に応じた各ブロックを明確に分節する、アアルトの手法の原型が現われている。正面玄関の極く単純なアプローチが、厳しい自然に対峙する北欧の建物の姿を示していよう。中央の事務室は四周をギャラリーが囲み、スカイライトによってパティオ風の空間へと仕立てられている。職員食堂やレファレンス図書館、体育施設など、内部は採光を最有先させた造形であり、光のグラデーションによる空間の絶妙な演出が、随所に仕組まれている。

Kansaneläkelaitos Headquarters, Helsinki, 1952—56

Architect: Alvar Aalto, 1898–1976

These headquarters of Finland's National Pension Association stand on a triangular site and accomodate 800 workers. In the commanding outer appearance of brick and bronze can be seen the original style of Aalto, whose blocks all differ according to their function. The very simple approach at the front door portrays the style of North European buildings which confront nature's severity. The central office is surrounded by galleries and, by reason of the skylight, a patio-style space has been tailored. In the workers' dining room, reference library and sports facilities light is the priority and the graduation of light has been designed superbly to produce space.

背後からのながめは、幾層にも重なった煉瓦の衝立のようだ。緑青をふいたブロンズと煉瓦との調和が、壁面に温かさを醸し出す。

The appearance from the back is like a number of interlocked brick piles. The harmony of blue-green bronze and bricks instills warmness in the wall surface.

正面全景。敷地の段差を生かし、奥の建物は高い基壇上に
コリドールを設けている。

Full frontal view. Using the terracing of the site, the building in the back has a corridor set on a high platform.

開口部を大きくとるために、床スラブを折り上げて下の窓
を高くしている。

To make the wide opening, the floor slabs are folded upward and the bottom window raised.

職員食堂の壁面には、アアルトが好んで用いた半円筒型の
タイルが貼られている。また天井の縁を細かい格子で取り
囲む。こうした縦格子は、フィンランドの細い幹の樹々を
象徴したデザインなのだろう。

On the wall in the workers' dining-room, there are
the half cylinder-shaped tiles which Aalto liked to
use.   Also the ceiling border is surrounded by
slender grills. The vertical grill must be the design
of Finland which symbolizes the slender branches
of trees.

正面玄関の無愛想なブロンズの扉。

Bronze door at the entrance.

事務ホールの個室の取手や階段など、木のディテールが豊富に活用されている。これらは、アアルトがアルテクを通して標準化を進めてきた量産品なのである。

The wood detail in the office hall makes plentiful use of the doorhandles of private rooms and stairs. These are mass-produced items which Aalto hastened to standardize through ARTEK.

カルダーのモビールを庭に配した正面全景。

Full frontal view with A. Calder's arrangement of mobiles in the garden.

ユネスコ本部 1954-58

マルセル・ブロイヤー他 作

ネルヴィとゼルフスの協力を得たほか、彫刻家のムーアやカルダーが芸術効果から参画した一大プロジェクトである。

中心となる8階建ての事務棟は、敷地がY字形で湾曲したファサードを持つ。マルセイユのユニテに類似した形のピロティが、端部を外部に残したまま全体を支え、中央部には放物線アーチを描くシェル構造の玄関ポーチが付けられた。ファサードは、互い違いに配されたブリーズ・ソレイユとガラスの覆いとによって、端正な表現となっている。この事務棟とは対照的に、コンクリート打放しの荒々しさを留めたネルヴィの会議場棟が、アプローチの側面を占めている。

UNESCO Headquarters, Paris, 1954—58

Architect: Marcelle Breuer, 1902–1981 & others

P. Nervi and B. Zehrfuss cooperated in this large project, and Moore and Calder contributed to the art effect. The eight-storied main office-building is built on a Y-shaped site and has a curved facade. Piling which resembles that of Unité d'Habitation maintains the outside edge, while supporting and describing a parabola-shaped arch structure which comprises the main entrance at the center. The facade is a decent expression of alternately arranged brise-soleils and glass. Contrasting with this office building, Nervi's assembly hall, which occupies a side of the approach, maintains a wild appearance with its exposed concrete.

ブリーズ・ソレイユの端につけられた黒ガラスが、ファサードの湾曲にしたがって様々な反射を呼び、独特のテクスチュアを形造る。

The black glass set in the brise-soleil end causes various reflections, according to the facade's curve, and makes a unique texture.

ブリーズ・ソレイユは形だけのものであり、実際の日覆い▶は黒ガラスによっている。

The brise-soleil being only design, the actual blind against the sun is the black glass.

ピロティで持ち上げられた1階ホール天井。　Ceiling of the ground floor hall.

ネルヴィによる大会議場では、壁と天井が同じ模様を順送りに繰り返している。　In Nervi's large conference room, the wall and the ceiling repeat the same alternating pattern.

ピレリ・ビル 1955-58

ジオ・ポンティ 作

構造家としてネルヴィの協力を得たこのレンズ状平面の34階建ての摩天楼は、箱型という高層建築の慣例を破った傑作である。断面が上層ほど縮少してゆく4本の巨大なパイロンが全体を支え、最上階に架けられた薄い屋根が、デザインを引き締めている。

平面が敷地全体の1/7というこの偏平な建物の特徴は、何といっても側面が造り出すナイフのように鋭いシルエットであろう。両端部が大きく空に突き上がるその様は、イタリアの近代デザインの優雅さと大胆さとを、十全に表現している。

Pirelli Building, Milan, 1955—58

Architect: Gio Ponti, 1891—1979

This skyscraper of 34 stories with its lens-form plan, and which Nervi helped to build, is the masterpiece that broke the custom of "Box-form" multi-storey buildings. Four giant tapering pylons support the whole building and a thin roof on the top floor braces the design. The special feature of this flat building, the flat plan of which covers only one seventh of the whole site, is the sharp knife-like silhouette made by the sides. The appearance of both edges pushing up into the sky fully expresses the elegance and boldness of Italian modern design.

正面と側面での外観の対比は非常に劇的だ。このレンズ状の扁平な建物では、垂直線と水平線との絶えざる葛藤がダイナミックな構成のうちに表現されている。

The contrast in appearance between the front and side is very dramatic. For this flat lens-shaped building, the complications of vertical and horizontal lines is expressed in the dynamic constitution.

最上部コーナーの詳細。屋上にそっと乗せられた屋根が、
デザインを引き締めている。

Detail of the highest corner.　The roof on top
quietly tightens the design.

宝石のカット面を思わせる鋭い側面部。
This sharp side blooks like the cut surface of jewelry.

先細りの構造柱のデザイン上の納まりは、左右の窓幅で調▶
整されている。
The outer design of pointed pillars depends on the
window width on right and left.

3つの同一仕様のブロックを直線的に連結させた単純な構成の外観。

Simply composed appearance of 3 vertically connected consistent blocks.

背面、連結部に設けられた階段ホールの採光窓。煉瓦やコ▶ンクリートの肌が情緒的な雰囲気を出しているが、ファサードは厳格な幾何学のコンポジション平面である。

Lighting window in the stair hall, set in the joint in the background. The surface of the bricks and the concrete give an emotional atmosphere, but the facade's flat surface has a strict geometrical composition.

ハムコモン集合住宅 1955-58

ジェームス・スターリング＆ジェームス・ゴーワン 作

ル・コルビュジエ後期の重要な作品ジャウル邸(1954)のヴァナキュラーなスタイルに、リバプールの土着の建物を二重写しにしたスターリングの最も初期に属する作品である。荒々しい煉瓦を耐力壁に使用し、ニュー・ブルータリズムの先駆とされる。

コンクリート床スラブを外壁中に露出させ壁との分離を視覚化し、彫塑的な雨落としを加えるなど、ル・コルビュジエの影響は極めて大きい。窓割りのみで変化を与えたファサードの造形力は見事である。

Flats at Ham Common, London, 1955—58

Architect: James Stirling, 1926— & James Gowan, 1923—

This building belongs to the earliest works of Stirling. In it the native buildings of Liverpool are superimposed on the vernacular style of "Maison Jaoul" (1954), an important work of Le Corbusier's later period. Bricks with a rough surface are used on the bearing wall of the structure which is recognised as the pioneer of New Brutalism. Le Corbusier's influence is extensive, for example in the exposure of concrete floor slabs from the outer wall to make visually clear the separation of wall and floor. Another example is the sculptural rainfall. The change of facade using only window lay-out is splendid.

正面コーナー部の詳細。　　　　　　　　　Detail of the front corner.

南正面1階の窓割り。正方形の窓が基本的なプロポーションを決定している。

In the lay-out the ground floor of the south elevation, the square windows determine the basic proportion.

床スラブに、ル・コルビュジエ流の雨落としが付いている。

The floor slabs reveal the sculptural rainfall of the Le Corbusier's style.

ル・コルビュジエ 作

ベルリンのノイエハンザ地区で行なわれたインターバウ展に参加した時の作品で、敷地を別にして建てられた。ル・コルビュジエのユニテとしては、マルセイユとナントに続く最後の作品である。

マルセイユでは、打放しの荒々しい壁面や肉厚のピロティなどの彫塑的なヴォリュームが擬人的な表現を獲得していたのに対し、ここではその力強さが影を潜め、適度な洗練を生んでいる。つまりチャールズ・ジェンクスの指摘するニイチェアンとしての悲壮なル・コルビュジエの姿がないのである。

Unité d'Habitation, West Berlin, 1956—57
Architect: Le Corbusier, 1887—1965
This building was a work for the Inter-Ban Exposition held in the Neuehansa district of West Berlin, but was built on a separate site. This is Le Corbusier's final work on Unités, after those in Marseilles and Nantes. The exposed rough wall and the sculptural volume of thick piloti in Marseilles proffer a personifying expression. This building, however, has not the same strength and has succeeded in achieving moderate elegance. As Charles Jenks points out, we no longer see the Nietzschean pathos of Le Corbusier.

マルセイユのユニテよりも内部の空間構成に応じた複雑なファサードのデザインで、鎧のような外観の厳めしさが和らげられている。

This facade's design is constituted according to inside space, more so than in the Unité of Marseilles, and the severeness of the armour-like appearance is softened.

近代建築では一般に色彩は敬遠されがちであったが、ル・▶コルビュジエは原色を白との対比から好んで使用し続けた。

For modern architecture, colours were generally kept at a distance, but Le Corbusier liked to make use of prime colours in contrast with white.

1階ホールのコンクリート製灰皿。
Ashtray on the ground floor hall.

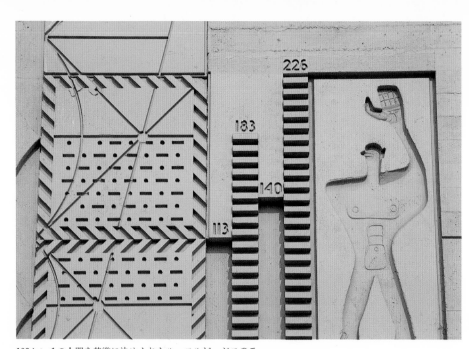

183センチの人間を基準に決められたル・コルビュジエのモ
デュロールを示すパネルが、玄関の側壁に残されている。
The panel which indicates Le Corbusier's Modulor
determined by the 183cm height of the average
man remains on the side wall of the entrance.

ピロティは板状となり、側面の一方は滑らかな壁面のまま
に残された。

The piloti is plate-shaped, and one end of the side
has kept intact its smooth wall surface.

子供の家 1957-1961

アルド・ヴァン・アイク 作

生後数ヶ月から20歳までの保護者のない子供達が居住する住宅である。数週間から長い年月という幅広い子供達の生活期間を想定して、全体構想が練られている。

年長者用の二階建て大型ユニットを核に、幼児用の小型ユニットが、あたかも蜂の巣のように水平に拡がってゆく。どのユニットにもヴォールト天井が架けられた。この多重的に流動する空間構成に対し、ヴァン・アイクは「クーポラは全体の一部と同時に子供達の小宇宙となる。大きな世界の中の小宇宙、小宇宙の中の大きな世界。街のような家、家のような街。子供達が住む家は、彼らが生存するためではなく生きられる場所」と語る。

中庭からの、幼児たちの居住ユニットの外観。

Outer appearance of the infants' residence unit from the courtyard.

Kindertehuis, Amsterdam, 1957–1961

Architect: Aldo Van Eijck, 1918–

In this house live children, from several-month-old babies to 20-year-olds, who have no guardian. The whole concept was planned taking into consideration the various lengths of time the children might stay. The central part is a large 2-storey unit for older children and from there extend horizontally smaller units for little children, rather like a bees' nest. Each unit has a vault ceiling. About this multiple space composition, Van Eijck says, "The cupola becomes part of the whole and, at the same time, the miniature universe of the children; a miniature universe in a big world and a big world in a miniature universe; the house like a city and the city like a house. This house is a place for the children to live, not just survive."

小さな都市のように立方体の基本ユニットが組み合わされ
扁平に拡がる外観。

The exterior of the basic cubic units combine like
a small city and spread fast.

正面の事務室部に囲まれた中庭。外観、内部とも構成要素
はプレキャストの円柱と梁のみで、居住部分の壁面に煉瓦
が使われている。

Courtyard surrounded by the front office. The
components of exterior and interior consist of only
pre-cast columns and beams, but bricks are used in
the walls of the residential parts.

内部の街路の交差点。中央にトップ・ライトを持つクーポ
ラが天井を覆う。

Crossing point of the interior passageway. The
cupola, which has a central top light, shelters the
ceiling.

正面、玄関ポーチを兼ねたこの事務室が示すように、デザインは先端ほど膨張し、通常の感覚の裏返しとなっている。

This office expanding forward, which combines the front and the front porch, reverses the usual feeling of design.

トーレ・ヴェラスカ 1958
BBPRスタジオ 作

近代における伝統のあり方を問う意味で、この26階建ての高層建築は重要な位置を占めている。全体の形態は中世イタリアの塔を模して、上部をキノコ状に膨らませている。外壁には石を用い、接合部では逆バトレスともい

える柱が露出する。

ファサードのデザインの特徴は、開口部と壁面の配置を不規則とすることで、高層建築にありがちな単調なリズムを避けた点にある。こうしたロマン主義的な傾向に対し、当時のイギリスやアメリカからは折衷的といった激しい批判が寄せられた。

Torre Velasca, Milan, 1958
Architect: BBPR Studio, 1932–

The importance of this 26-storey building is the question it raises about the existence of tradition in modern times. The whole figure imitates the tower of the Middle Ages in Italy, with the top bulging like a mushroom. Stones are used for the outer walls, and the pillars, which can be called inverse buttresses, are exposed at the joints. The special feature of the facade is the avoidance of the simple rythym which is a trend of multi-storey buildings, by arranging the openings and the walls irregularly. In opposition to this romanticism, there was much criticism in England and America of the mixture.

上部を膨らませた外観は、中世の塔を思わせるが、柱がその結合部で外壁を離れ外壁を一周しているように見える。

The exterior expanding at the upper part reminds one of a middle-age tower, surrounded by pillars separated from the outer wall at the joint.

結合部の詳細。浮き上がった柱は、ぴんと張ったワイヤーのようだ。

Detail of the joints. The pillars are like taut wires.

◀柱は基部では先細りとなり、上部の突出を受けたデザインとなっている。

The pillars, pointed at the base, become a design with an upper projection.

窓の幅と配置を変えることで、壁面の単調さを避ける一方、石の偽りの桟が垂直線の連続性を保証する。

Changing the arrangement and width of windows avoids the simplicity of wall surface, and on the other hand the false stone crosspiece guarantees the continuous vertical line.

SASロイヤル・ホテル 1958-1960
アーネ・ヤコブセン 作

伝統的な素材と工法に精通していたヤコブセンが、本格的に工業材料と取り組んだ建物で、ロードビレ市庁舎と並ぶ代表作である。

18階建ての高層建築は、コペンハーゲンの街には稀である。そのために、ヤコブセンは外壁のカーテン・ウォールの色彩を厳選し、壁体は青空に溶け入らんほどである。この仕上げにも現われたディテールの絶対的な繊細さは、友人であったアスプルンドとも共通する感覚である。灰皿から家具に至るすべてのインテリアを手がけたというだけあって、内部は隅々にまで清潔感が漂っている。

カーテン・ウォールが空を映し出す様は、まるで外壁が空に溶け込むかのようだ。

The reflection of the sky on the curtain wall gives the impression of the outer wall melting into the heavens.

SAS Royal Hotel, Copenhagen, 1958—1960
Architect: Arne Jacobsen, 1902—1971
This is representative work, ranked along with Rødove City Hall, by Jacobsen, using industrial material as opposed to the traditional material and technique with which he was well acquainted. 18-storey buildings are rare in the city of Copenhagen. For that reason Jacobsen carefully selected the outer walls' colour, so that the walls would emerge into the blue sky. This absolute delicacy of detail of finish is common in the attitude of his friend, Asplund. The pure feeling flows in every detail inside too, since, it's said, he designed the whole interior, from ash-tray to furniture.

ガラスのサッシュは二重で、それが微妙にカーテン・ウォ▶
ールのテクスチュアに反映する。
The double glass sash is reflected delicately on the curtain wall's texture.

全面ガラス張りの壁面は、極めて単調なパターンの繰り返しに過ぎないが、あまりにも繊細なその線が、独特の澄明感を与えている。
The glass wall surface on all sides is only simple repetition, but the very delicate lines give a unique feeling of transparency.

ラ・トゥーレット修道院 1958-1960

ル・コルビュジエ 作

ル・コルビュジエ後期の傑出した作品で、教会を北側に、僧坊や図書館、食堂などを含む棟が、中庭をコ字形に囲む。斜面のためにピロティが活用されている。外壁は打放しコンクリートで、僧坊のブリーズ・ソレイユの仕上げに砂利を混入させている。

全体の空間を支配するものは光である。回廊や食堂では、不規則な縦格子や方眼状パネル、スリット、小穴など変化に富む採光がはかられている。柱、梁、放熱器、水道管が露出し、ドミニコ派修道院の質素で厳格な生活が、そのまま顕現されたようである。教会では、内側を三原色に塗った様々な採光窓が、ロンシャンとは対照的に抑制された光を導いている。

Le Couvent de La Tourette Monastery, near Lyon, 1958-1960

Architect: Le Corbusier, 1887-1965

This building is a magnificent piece of Le Corbusier's later work. With the church to the north side, monks' rooms, a library and a dining room surround the courtyard in a U-shaped building. Because of the slope, piloti is used practically. The exterior walls are made of exposed concrete and mixed stone-fill, finished with brise-soleils. Light controls the whole space. In corridors and the dining room, various methods of lighting are employed, such as irregular longitudinal grills, section panels, slits and small holes. Pillars, beams, radiators and water-pipes are exposed, revealing the simple and strict life in a Dominican monastery. In the church, to control the light, the windows are painted the three primary colours, in contrast with Ronchamp.

基部に通廊の採光スリットが走る南立面。吹き付けと打放しの混じる壁面の仕上げは非常に粗野である。ブルータリストとしての表現が、質素な生活の象徴と化している。

South facade with its lighting slits running along the lower part of the corridor. The wall finish which is a mixed spray and placing is extremely rought. The Brutalist expression is symbolic of the simple life.

南西からの全景。ピロティで立ち上がるマッスは、僧坊、通廊、食堂といった内部空間に応じた開口部の表現で、重層的に壁を構成する。

In this full view from the south-west, the mass supported by piloti is the expression of opening depending on the inner space of monks' rooms, corridors and dining-room; it constitutes a multi-storied wall.

北側の教会全景。アプローチの最初に出現するこの無言の立体は、完璧な抽象でもある。

Full view of the church on the north side. This silent cube is the first to come into view on approach and is a perfect abstract.

中庭に面した通廊の窓。外装と内装の仕上げに違いはほと ▶ んどない。

There is no difference in the decoration of the interior or exterior finish of this window in the corridor facing the courtyard.

小祭壇群上の円筒型採光窓の外観。

Exterior of the cylinder-shaped lighting windows of the small chapels of the church.

中庭を広く眺望する通廊。ヒーターや電線、水道管が露出し、豪奢な飾りはどこにもない。ル・コルビュジエの言う「日常生活の英雄的な資質」がそこに見出せる。

This corridor has a wide view of the courtyard. The heater, electric wires and water pipes are exposed, and there is no luxurious decoration. The heroic nature of everyday life that Le Corbusier talked about can be seen here.

教会と修道院との接合部。
This is where the church and monastery join.

▶

内壁を唯一彩る木の溝。中庭側の外壁にも同様の縦縞が見られる。

A wooden cullis is the only decoration of the inner wall. The vertical stripes of the same pattern can be seen on the outer wall on the courtyard side.

◀南面中央に設けられた入口。あまりにも小さく厳しい抽象から造られた玄関は、周囲の穏やかな自然と調和することのない生活を暗示しているのだ。

Entrance in the center of the south facade. The small, severe abstract entrance hints at monastic life which does not harmonize with the calm nature of its surroundings.

レスター大学工学部 1959-1963

ジェームス・スターリング＆ジェームス・ゴーワン 作

ブルータリストとしてデビューしたスターリングの変貌の最初を飾る複合建築である。「建築は、外観のスタイルが問題なのではない。場と活動に見合った空間と動きをいかに組織するかだ」という彼の言葉が、この形態を説明している。それぞれのマッスを徹底的に分けると同時にその結合をはかる造形なのだ。この建物が与えた衝撃に、煉瓦とガラスの扱いがあった。研究所塔を覆うガラスは、まったくの被膜として表現されている。1920年代の機械の美学がディテールに甦っているが、それらはスターリングのリバプールに対する郷愁なのである。

Leicester University Engineering Building, Leicester, 1959-63

Architect: James Stirling, 1926- & James Gowan, 1923-

This complex piece of architecture is the ornate debuting work of Stirling since his becoming a 'Brutalist'. He explained this style when he said, "In architecture, the outward appearance is not the problem, but how to compose space for easy movement and activity." This art is being able to separate masses and at the same time unite them. The shock which this building caused was in the treatment of brick and glass. The glass covering the laboratory tower is portrayed just like skin-tissue. The aesthetics of machinery of the 1920's is brought back to life by the detail. This reveals Stirling's nostalgia for Liverpool.

研究室棟内部のロビーは、外観でのブロック操作を平面に置き換えた印象を与える。
The lobby inside the laboratory tower gives the impression that exterior blocks have been manipulated into a level surface.

実験工房越しに見た研究室塔。上下の煉瓦ブロックの間のカーテン・ウォールは、まるでプラスチックのパネルのようだ。
The laboratory tower looks over the experiment building. The curtain wall between brick blocks above and below looks like a plastic panel.

教育棟をめぐる採光窓の詳細。
Close-up of the lighting windows around the education building.

新即物主義の再来を思わせる研究室棟の壁面。荒々しいディテールは、ファン・ネレ工場など初期のインターナショナル・スタイルと類似性を持つ。コーナー支柱はル・コルビュジエ流の擬人的な力を表現する。▶

The wall surface of the laboratory tower recalls the second advent of Neue Sachalichkeit. The rough detail is similar to the eary international-style of the Van Nelle factory. The corner support pillar is the personification of power, expressed by Le Corbusier's method visualization.

研究室塔と教室棟の各ブロックの結合は、巨大な機械のシステム化を思わせる。

The combination of the laboratory and each block of classrooms reminds one of a mechanical system.

ヘルシンキ港に臨むその純白のファサードは、白い傾向の
新古典様式の市街の建物との調和を期すものであった。

The pure-white facade、facing Helsinki harbour
hoped for harmony with the city buildings which
tend to have the white neoclassic style.

彫りの深い窓は、端整なファサードに独特の影を落とす。▶

The well-defined windows give unique shadow to a
perfect facade.

エンソグートツァイト本社　1959-1962

アルヴァ・アアルト作

ヘルシンキ港に面して建つこの美しい白亜の
オフィス・ビルは、アアルトが使い慣れた煉
瓦から、大理石の外装材へと移り始めた時期
の作品である。景観とスケールに既存建築と
の調和が要求される地区であり、周辺の新古
典様式に合わせて白が選ばれたのである。

単純な格子形の外観に、アアルトの確かなプ
ロポーションと窓の割り付けを見ることがで
きるだろう。ディテールが意外なほどそっけ
ない仕上げであることが、この大理石の貼り
付けにうかがえるのは、興味深い点である。

Enso-Gutzeit Headquarters, Helsinki, 1959–1962

Architect: Alva Aalto, 1898–1976

This beautiful white office building, which
faces Helsinki harbour, is a work of Aalto in
the period when he was moving from the use
of bricks to the use of marble for outside
decoration.　The district required harmony
between the view and the scale of existing
architecture, so he chose white to match the
surroundings in new-classical style.　Aalto's
perfect proportion and lay-out of windows
can be seen in the simple grill-shaped appear-
ance.　His detail is the unexpectedly simple
finish which can be seen in the marble. That
is the interesting point.

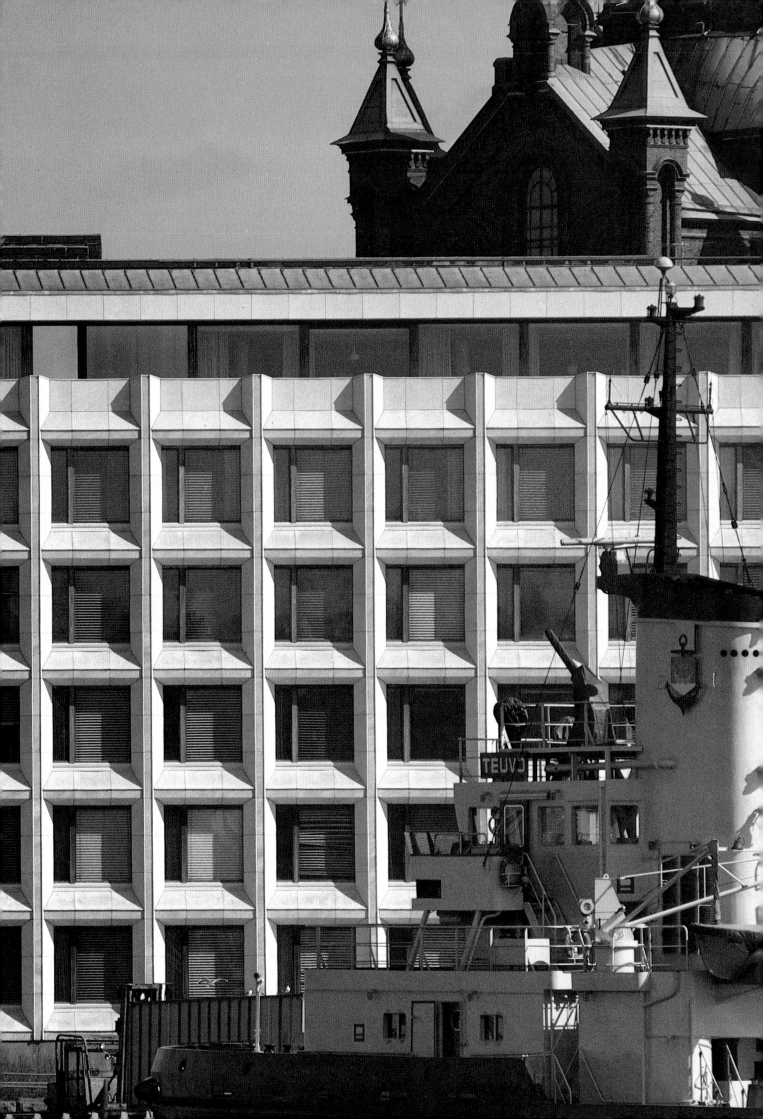

ファサード詳細。窓サッシュはチーク材を押え縁に採用。

Detail of the facade. Teak wood is used to add weight to the window sashes.

正面玄関のコーナー部詳細。大理石板は単に貼られただけの仕上げの荒さを見せているが、そのエッジがファサードに強い線を与えているのである。アアルトのディテールに対する感覚を端的に物語っている。

The marble plates of the front entrance show a roughness of finish, but the edge gives strong lines to the facade. Aalto's feeling for detail is frankly displayed.

ベルリンフィルハーモニー・ホール 1960-63

ハンス・シャロウン 作

表現主義的な傾向を持つがゆえに、近代建築の発展の中では特異な位置を占め続けたシャロウンの代表作。立面によっては小山のように鋭い陵線を描いたり胄のようでもあるその不整形な外観は、基本的に内部のオーデトリアムの形状を暗示したものといえる。

オーケストラの四周を聴衆が取り巻くことでよく知られたそのホールでは、座席数の等しい小区画が、幾つも複雑に配置されている。その結果、ホールにありがちな単調で巨大という印象は払拭され、空間に緊張をもたらしたのである。

Berling Philharmonic Hall, West Berlin, 1960–63

Architect: Hans Scharoun, 1893–1972

This is representative of Scharoun's work and took an important part in the development of modern architecture, due to his expressionism. Its untidy appearance, like a small mountain with sharp edges or a armor, basically hints at the shape of the auditorium. In the hall, which is well-known for the audience surrounding the orchestra, many small equally-sized divisions are intricately arranged. As a result, the simple and huge impression is completely eliminated and the space is strained.

中庭を囲む玄関ホワイエの壁面には彩色されたガラス・ブロックが採用された。ドイツ表現主義の名残りである。
Coloured glass blocks were adopted on the wall surface of the entrance foyer which surrounds the courtyard. This is a remant of German expressionism.

外壁は当初は打放しのままであったが、現在は隣接する国立図書館と同じ金属パネルが貼られている。同一パネルにテクスチュアの変化を与えるために、更にガラスを被せた壁面もある。

The outer wall was left concrete placing at first, but now metal panels, similar to those of the adjacent National Library, have been installed. To give a change of texture to the same panel, there is also a glass-covered wall surface.

ニュー・ナショナル・ギャラリー 1962-68

ミース・ファン・デル・ローエ 作

ベルリンの新しい文化センターの一画を占め、シャロウンのコンサート・ホールと国立図書館に隣接する。ミースにとっては、アメリカ亡命後初のドイツでの作品であった。

ユニバーサル・スペース構想によって、内部は柱のない巨大な均質空間である。そのために、外観は平坦な屋根を8本の十字形柱が支持する極めて明解な構成となった。しかも屋根と柱の機能分離を明示するために、その接合はピン支持である。インターナショナル・スタイルの最も理想的な形態といえるだろう。

Neue National Galerie, West Berlin, 1962–68

Architect: Mies Van der Rohe, 1886–1969

As part of the new Cultural Center in Berlin, this building is situated next to Scharoun's Concert Hall and National Library. It is the first work of Mies after he fled Germany for America. Using the universal-space design, the inside has no pillars in its wide open space. As a result, the appearance is a very clear construction of eight cross-shaped pillars supporting the flat roof. And more, in order to express clearly the divisional function of roof and pillars, the joints are pin-support. This is the most idealistic shape of international-style.

スチール製の陸屋根は、視覚上の水平を維持するために、四隅が微妙に持ち上げられた。

The flat roof which is made of steel is raised at the four corners slightly to maintain visual horizontality.

正面全景。屋根端部の持ち上げ、基壇の湾曲、支柱へのエンタシスの採用とによって視覚的な直線の確保を求めたミースは、シンケルを通じてギリシアの古典へと戻っていったのである。

Full view of the front. By adopting raised roof corners, a curved base and entasis of supporting pillars, Mies, who was searching for the security of vertical lines, returned to Greek classical architecture through K. F. Schinkel.

内部空間の保証は、このガラス壁一枚によって与えられる。▶
梁が消滅し柱と明確に分離されたその壁は、インターナショナル・スタイルの完全な具体化であった。

Guarantee of inner space is provided by this one glass wall which has no beams and is clearly separated from the pillars. This is a perfect actualization of the international-style.

正確無比なディテールの仕上げは、ミースの持っていた石
工的な造形感覚をよく示している。

The finish of peerless precision reveals Mies'
tendency towards stone masonry.

レッティ・ロウソク店 1964-65

ハンス・ホライン 作

アルミニウムの平坦なパネルと大胆な開口部との対比が強烈な印象を与えるこの小さな店は、「絶対建築」の概念によって60年代に登場したハンス・ホライン最初の実施作である。アルミパネルの放つハイテクな感覚が、以後様々な店舗デザインに広まった。

インテリアの特徴は、鏡による空間の錯視的な拡がりにある。また内装材のアルミや鏡、アクリル、留め金までもが、デザインと化している。こうした内外装の高度に凝縮された仕上げは、ロースやホフマンとも共通するウィーンの伝統なのであろう。

Kerzengeschaft Retti Candle Shop, Vienna, 1964—65

Architect: Hans Hollein, 1934—

This small shop, which is the first implemented work by Hans Hollein who debuted in the 1960's, employs his concept of absolute-architecture to give a strong impression of the comparison between flat aluminium panels and adventurous openings. The high technique feeling which the aluminium panels give has spread to various shop designs since. The special feature of the interior is the hallucinatory expanse of space by mirrors. The interior decoration materials, aluminum, mirrors, acryl and clasps have changed the design. This very highly condensed finish of interior and exterior, common in Loos' and Hoffman's work, must be Vieena's tradition.

既存の建物の一部に挿入されたアルミ・パネルのファサードは、あまりにも革新的で、歴史との距離を隠すことなく表現した。

The alumnium panel facade which was inserted on part of the building already existing was very innovative, and expressed the remoteness of history honestly.

内部からの開口部の造形。アルミ・パネルのビスや照明の金具、エアコンのカバーなどあらゆるディテールがデザイン化され、緊張感にみなぎっている。

Moulding of the opening from the inside. Every detail, such as the screws of the aluminium panel, the metal mountings of the lights and the cover of the air-conditioner, is designed to give a seise of rigidness.

インテリアに無限の奥行きを呼ぶ鏡。
The mirror gives infinite depth to the interior.

◀アルミのパネルは、紙細工のように曲げられ切られている。
The aluminium panel was bent and cut like paper handricraft.

ル・コルビュジエ・センター 1964-66

ル・コルビュジエ 作

元来は個人住宅として設計されたル・コルビュジエ最晩年の作品である。屋根と柱が完全に内部空間と分離し、自らの提唱した自由な平面という近代主義の規範の、完璧な実施であった。

変化に富むその表現の主題は対立にある。双つ合わせのスチール屋根は、切妻の上下を逆に組み合わせ、支柱も矩形と細身の円柱とが交互する。壁面を構成する226センチのグリッドでも、エナメルパネルとガラスの対比がみられ、その軽快さが、外部に突出したコンクリート遊歩廊と対立しているのである。

Centre Le Corbusier, Zurich, 1964–66
Architect: Le Corbusier, 1887–1965

This center originally designed as a private house, is one of his latest works. The roof and pillars are completely separated from the inner space. He succeeded in the perfect execution of the standards of modernism, that is the 'free plan' which he himself proposed. The theme of his various expressions is confrontation. The roof is made of steel and has a combination of normally-positioned and upside-down gables. As for the supporting pillars rectangular pillars and thin columns are arranged alternately. The

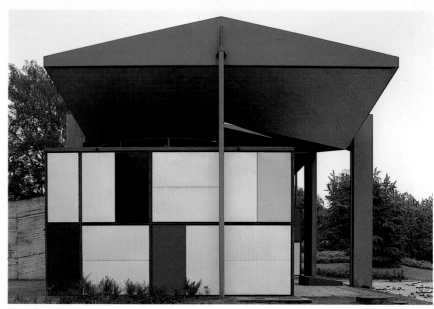

切妻屋根の対称性と下の壁面の非対称性が、内部空間の独立性を主張する。
The symmetry of the gable roof and the asymmetry of the lower wall surface insist on the independence of inner space.

ボルトを露出したスチール格子は、ハイテクの予兆である。▶
The steel grid which exposes the bolts is a sign of today's high technique feeling.

comparison of enamel panels and glass is seen even in the 226 cm. grid which forms the wall surface. Its lightness contrasts the projecting concrete promenade in the outside.

住宅として構想された小振りな外観は、分離した屋根の張り出しによって雄大さを失ってはいない。天井の形態も双方で逆になり、純粋な幾何学的対比が強烈な表情を与える。
The small exterior, which was planned as a house at first, does not lose grandeur by the shape of the roof. The ceiling form is inverse at both ends, and the geometric comparison gives strong expression.

壁面は226センチの格子で厳格に決定された。ミースのナショナル・ギャラリーと好対照をなす、もう一つの近代建築の到達点である。

The wall surface is strictly determined by grid of 226cm. This is the arrival point of another modern architecture, which is a good comparison with Mies' National Gallery.

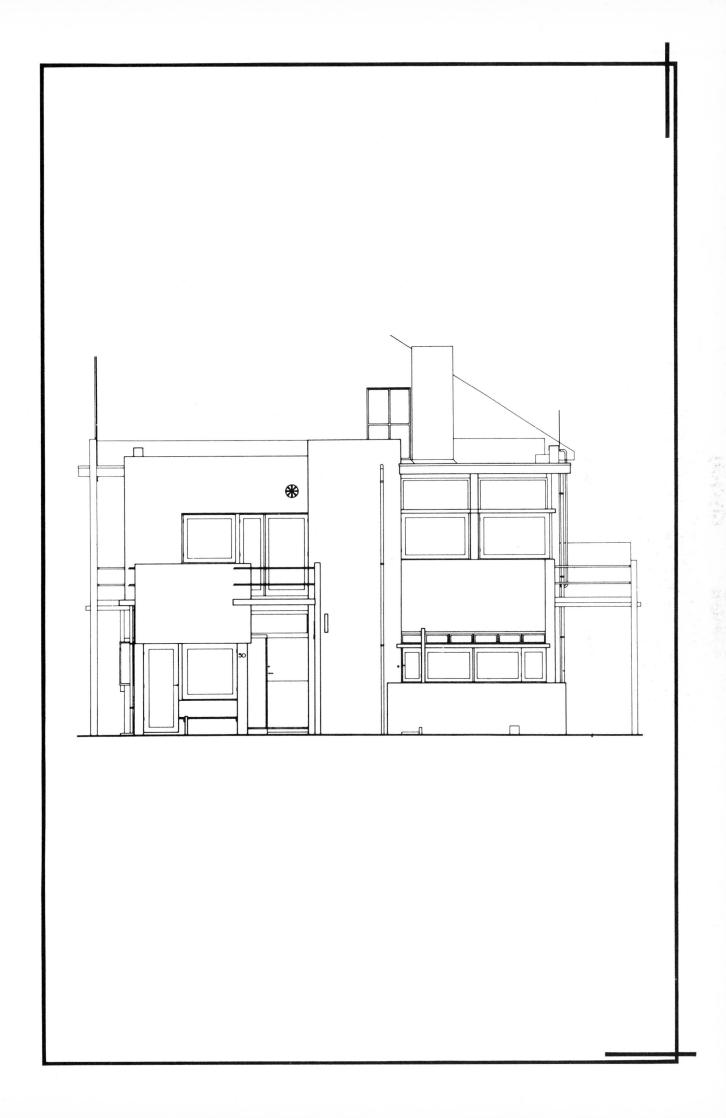

放たれた壁

オーギュスト・ペレのもとで鉄筋コンクリートの構造技術を学んだル・コルビュジエは、故郷ラ・ショオ・ド・フォンに戻り、有名な「ドミノ住宅計画理論」(1914) を打ち出した。2枚の床スラブと6本の角柱、宙に浮いた階段そして天井の各構造体から構成されたその立体が示しているのは、ほかならぬ〝空間〟であった。スラブにサンドイッチされた、水平への無限の拡がりを約された空間である。言葉を換えていうならば、空間を示すのに必要な、最小限の物体が配置されたのである。おそらくは、実際の構造であるかのように見えるだろう。片持ち支持されたそのスラブにカーテン・ウォールを取り付けて、角柱をマッシュルーム・コラムに置き換えさえすれば、またたく間にバウハウス校舎のガラス張り工房は出来あがる。

構造・プラン・形態

きわめて明瞭に視覚化されたこの建築概念は、20年代の建築界に強烈な衝撃をもたらした。だが不思議なことに、ル・コルビュジエの実際の建物には、このドミノから直ちにそれと類推しうる形態が、あまり見られないのである。ドミノでは、天井と床とが完全な平面として描かれているので、内部の立断面は、どこを採っても等質である。一方、彼の現実の建物は、多くの場合に梁を露出して空間の等質化をむしろ妨げている。しかも外観を律する境界は、空間の水平的な流出を保証するのに最適な透明ガラスではなく、昔ながらの壁の方が多かった。概してル・コルビュジエは内部空間の開放よりは、その閉鎖を目指していたといえよう。それはあたかも、ドミノをそのまま倒立させ、床スラブが壁に転換されたような印象すら与えるのである。彼は、ドミノよりも「シトロアン住宅」(1920) の形態を好んだ。

ドミノが近代の建築概念の形成に、決定的な役割りを果たしたことは明らかである。やがてそれは「五原則」(1926) として、より具体的な実践へと翻訳され、自由な平面と自由な立面とが規定されることになった。だが混乱は、応々にして過度な明解さのなかに内包されているものなのだ。〝自由〟の行き着く先は、実は何らの具体性も与えられてはいなかった。

周知のように、近代建築の一般的な関心は、平面の自由から、直ちに空間の透明性を導き出した。インターナショナル・スタイルの誕生である。ところがル・コルビュジエは、平面と立面の互いの独立こそは自由と考えたようだ。つまり、空間の内的秩序が自ずと外観にある形態を与えるという結論に、彼は至らなかった。自由な平面は、空間がそれ自身の内で実現するものである一方、建物の外観、すなわち立面は、空間の自由を終わらせる境界であって、その自由を封じることに大きな意味を見つけていた。要するに立面の造形は技術的、構造的に自由であり、かつ平面からも解放される必要があったわけだ。内部空間との造形上の摩擦は生じるものの、外観の形態が、即、内部空間とはならない。ここに、近代建築における形態の問題が、2つの方向として立ちあらわれてくる。ル・コルビュジエとミースの最晩年の作品が示す相違に、その方向がはっきりと見てとれる。両者ともが、構造とプランとの分離を実施した作品なのである。

ル・コルビュジエ・センター (1966) は、当初は住宅として計画され、途中から、展示パビリオンへと変更された建物である。スチール製の柱と屋根が、あたかも大テントのように独立して建てられた。内部空間はその傘下で完全に自律した展開をみせ、226センチのモデュロールにしたがった立方体が、二層に組

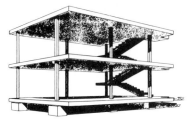

ドミノ住宅

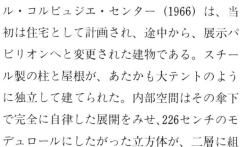

ル・コルビュジエ・センター1階平面

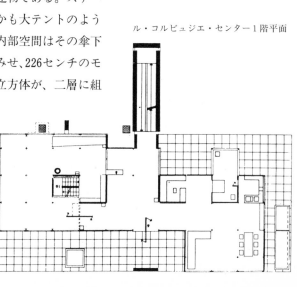

み合わされた。その形態には、1925年のル・コルビュジエの「ペサック計画」がうかがえることだろう。

屋根と天井とが分離され、天井が内部に所属する機能を得たことは極めて重要と思われる。というのも、このプリミティブだが類まれな発想によって、建物の外観が空間によって規定されるということの多くが、実はプランではなくて天井の形状に規定された結果にほかならないことを知るからである。事実ル・コルビュジエは戯れを見せながらも、屋根の形状には伝統的な切妻を採用し、内部空間の外観には、それまでの慣習的なプロポーション感覚を破って正方形格子を使い、まったくの抽象平面を導入した。この両者の対比が、全体に基本的な表現モチーフを与えている。双つ合わせの屋根は、互いに切妻を交換しながら線対称と点対称とを形成する。そのことは鋼柱の形と配置についてもあてはまる。構造は古典的な造形デザインに導かれたことになる。ところが内部の外観はというと、色彩分割されたエナメル・パネルの配置、エナメル・パネルとガラス面との位置関係の操作によって、対称性がことごとく崩されてゆく。その形態からは、外部に対して開放しうる部位とそうでない部位とが自由に展開する空間のプランが読み取れる。そうして分割されたヴォリュームが、基本モデュロールにしたがいつつも単一ではないこともわかる。この外壁パネルに関する限り、外観は内部プランと必然的に一致する。しかも窓という形式が一切除かれて、空間の性格は閉鎖か開放かの厳しい選択を迫られている。

大きく張り出した屋根が、軒のような役を演じている様は、サヴォワ邸(1931)に展開されたピロティの扱いと随分近い印象を与えよう。サヴォワ邸の注目すべき点の一つは、1階の

U字形プランとその天井との形状を違え、両者の機能を視覚的に分離しようと計画したことにある。ピロティはその一方途に過ぎなかったが、やがてそれは屋根と天井との分離にまで発展することになる。こうしたル・コルビュジエの一連の形態操作が、彼自身の想い描く自由な平面と自由な立面の着地点であったことはいうまでもないことだろう。

ミースのニュー・ナショナル・ギャラリー(1968)の基本的な空間のデザイン・コンセプトは、ル・コルビュジエ・センターと同じである。むしろこの方がドミノ自体により忠実であるといえるだろう。この作品では、内部はいかなる分割や構成に対しても等価で、完全な均一体である。地階も1階も、屋根の形状と一致した外観として造形されている。あるいは巨大な正方形平面の単一空間のためだけに選ばれた屋根の形、と述べた方がミースの理念には近いかもしれない。選択された外壁は、透明ガラスである。それは、この空間の限定が、外部からもまた内部からもたまさかなものであり、水平方向でのさらなる拡大や収縮を保証している。そのために、ミースの空間は完結することがない。したがってミースにとっての自由な平面と自由な立面とは、各々がある独立した秩序を構成するものではなく、一つの空間をめぐる相互関係に置かれた水平と垂直の面なのである。ル・コルビュジエが外観を対比のモチーフから表現したのに対して、ミースは統一を望んでいる。外観は、ギャラリーに近づくその距離にしたがって、内部空間の性状に関する情報が確実に詳細となるべく秩序づけられた。巨大な陸屋根が造り出す軒下部は、既に内部であるといってもよく、あくまでも開かれたものでなければならないのである。ミースが採用したパルテノン的な直線の錯視効果も、この秩序と均衡とを

ニュー・ナショナル・ギャラリー
1階及び地階平面

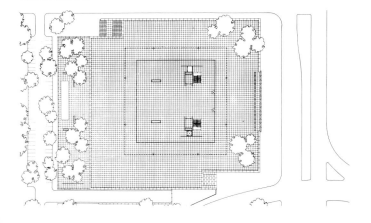
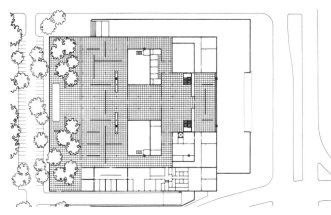

維持するための一つの手段であったわけだ。この両者の違いは、翻って、1920年代の近代建築にも既にあらわれていた。たとえばサヴォワ邸とバルセロナ・パビリオン(1929)との違い。ル・コルビュジエは、空間の内的秩序と外観の造形原理とを分離しようと考え、ミースは両者を強固に結びつけようとしているのである。ル・コルビュジエ・センターでは屋根が置かれているとはいえ、空間にはむしろ垂直方向への伸展が感じられるのに比して、ニュー・ナショナル・ギャラリーでは、構造体による限定がすなわち空間の形態を意味している。そこでは、構造ではなくなった壁は、外壁、間仕切りを問わず、空間の分割と貫入の表現に存在意義を認められている。一方、ル・コルビュジエの間仕切り壁は、分割ではなくて限定を意味している。外壁は、貫入ではなく断絶の表現なのである。「床は実は水平の壁なのだ」とさえ、ル・コルビュジェは言い切った。近代建築が提出してきた壁のあり方や外観の形態は、この二人の表現を両極にしてさまざまな様相を呈していることだろう。

形態の諸相

20世紀初頭の黎明期の近代建築は、構造合理主義の導入を果たした結果、建築の形態はその合理性ゆえに、構造に規定されることとなった。構造こそは、建物の内部空間と外観のそれぞれの形態に対して、同時決定権を握っていた。

ガウディのコロニア・グエル教会堂(1916)は、組積造による造形の自由度の徹底を目論んだ作品である。木や鉄材の梁の使用が認められない以上、それは純粋な組積造であって、そのことは歴史的なひとつの異常性を示している。よく知られているように、ガウディの採用した放物線アーチと湾曲ヴォールトの複雑な組み合わせは、力学曲線をそのままになぞったものである。バトレスやぶ厚い擁壁を構造の合理性に対する偽りと見做したガウディは、傾斜する柱や壁を迷うことなく採用した。しかし、その形態がベイ・システムによって構成されたものであることは、紛れもない事実である。もちろんガウディは、同一ベイの単調な繰り返しによって空間を現出させることは避けている。それは、この御堂に錯視的な深みを与える一因でもあると同時に、高さ

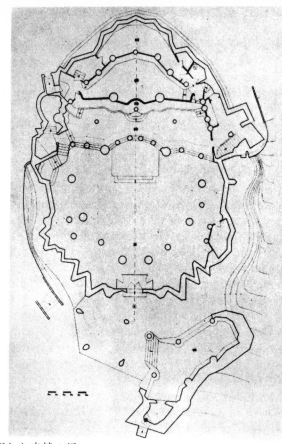

コロニア・グエル教会堂

を操作した放物線のベイを採用した当然の帰結なのである。したがって、極度に変則的なその外観は、歴史的な対称性のちょっとした逸脱として読み取れるはずであり、また外壁は、柱間を埋める壁の最終部分として扱うことができるであろう。ガウディ特有の魅力的な美、たとえばあのモザイクであるとか、完成当初からまるで廃墟のような印象を与える荒れた外壁のテクスチュアが展開されるのは、あくまでも構造の表面上においてである。構造の選択や開発とその操作とが、外観と内部とを即時的に決定していることにかわりはない。

同じことがホフマンのストックレ邸(1911)についてもいえるであろう。ウィーン工房の創立者であり、工芸的な技の完璧さに美を視覚化したホフマンの仕上げは、ガウディとは好対照の形態を創り出している。ストックレ邸では、ノルウェー産の白大理石板による表面被覆と金箔押しのブロンズの縁飾りによって、組積造が必然的に内在する構築的な表現は極力押さえ込まれてしまった。つまり、石や煉瓦の積み上げで築かれる壁面が視覚化するであろう力の美を覆い穏す化粧が施された、とその外壁はみるべきである。半透明な大理石板と照り輝く金の縁取りとが意味するものは、物質的な存在性ではなく、何か世俗的な

ストックレ邸

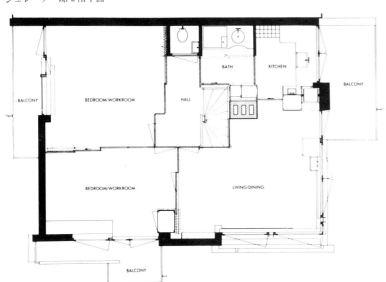

シュレーダー邸2階平面

理由に裏打ちされた存在であるように見受けられる。窓割りの位置や壁面の平坦さに、触覚を離れ、視覚優先へと赴く近代の性向をみることは確かに可能であろう。しかしその平面性は、同じ時期にウィーンで完成されたロースハウス(1912)の上層部の白とは異なっている。大理石板の継ぎ目と模様の変化とは、明らかに平面の連続性を妨げることだろう。

ホフマンもガウディと同じく、組積構造が形態を基本的に律することに異議を唱えてはいない。ガウディがベイ・システムの変形と触覚の大胆な増幅とによって伝統から離反したように、ホフマンは組積造の本質的な構造形態の強調と触覚の消去とによって、伝統と袂を分かったのである。

同じ組積造とはいっても、リートフェルトのシュレーダー邸(1923)にみる造形は、ある一定の広さの平面を単位とする外観構成を展開し、外観の表現が、構造の描く形態から分離しようとしている様が見てとれる。上層階のオープン・スペースに挿入された可動間仕切りや1階の構造を兼ねた壁を、そのまま将棋倒しにしたような面の重なりとずれとが外観にはあらわれているのだ。もちろん構造でもあった外壁に、どれほどの造形上の自由を期待したところで、それには限りがある。した

がってリートフェルトは、バルコニーに唐突に白い面を取り付けたり、無彩色の壁面にトーンの差を設定して木口面や各面を分けることによって、外観が平面のコンポジションであることを主張するのであった。したがってこのシュレーダー邸の外観は、内部空間の構成原理とイコールではなく、それを暗示する造形なのである。

グロピウスがこの住宅をコンクリート構造と誤認した事実は、バウハウス流の近代主義が、構造自身の形態をア・プリオリに容認していたことを示すものとして興味深い。それは、ちょうどガウディが構造の変形によってのみ建築形態の操作を企てたように、構造の抜本的な転換が必然的にある形態を描き出すのだ、というイデオロギーを生むに十分な下地である。リートフェルトが、形態の最小単位を煉瓦1枚から平面へと置き換えたことは、近代主義のそうした理念と結びつけて解釈するのではなくて、ル・コルビュジエの立面の自由や表現主義者たちの造形手法との共通性とみる方が適しているだろう。その平面は、アムステルダム派特有の煉瓦壁面の歉りと膨張と同じように、構造が必ずしも形態に優先するわけでないことを示しているだろうし、面としての輪部を明示することが建築の存在を主張するという意味で、アムステルダム派との共同の企てなのである。内部空間の構成が暗示にとどまったのは、立体であるべきプランの展開と、平面であるべき外観とが、投射という手段によって結びつけられたからにほかならない。

近代建築の形態に向けられるある種の審美的な評価が、同時代的な絵画や彫刻の美学と同じ水準で語られるのは、いたしかたのないことかもしれない。しかしその場合、評価はミニアチュールとしての建築に向けられたものであることは注意を要するであろう。

デュドックの市庁舎(1928)の外観に、キュビスム的な構成原理を認めることは容易なのだ。形態はマッスとして認識されている。しかもそのマッスは、幾種類もの幾何学立体の集合体である。したがって外壁を構成する端整な煉瓦面は、シュレーダー邸と同じく、垂直面の重層として立ちあらわれよう。それがすべらかな平面であることを避けたのはデュドックの心情にほかあるまいが、このぶ厚く繰り

ひろげられる垂直と水平の面に、内部空間の
あり様を目撃することは不可能に近い。外観
は、確かに幾つものヴォリューム単位の組み
合わせを反映したものではあるだろう。けれ
ども外観に向けられる視覚のパースペクティ
ブと内部でのそれとは、これほどの巨大な塊
になるとまったく違ってきてしまう。実際に
その小山のような形態から、中庭を囲んで変
形した卍形の平面はわかりようもない。要す
るにミニアチュールとしての外観にキュビス
ムが認められたにしても、それは内部の秘密
を何にひとつ解明するものではない。

こうした近代建築のプロト・タイプには、形態
に向かう近代主義の態度が既に仄かながらも
みえている。つまり、それまでは一緒くた
に結びついていた構造とプランと形態の三者
が、20世紀初頭の建築を通して、次第に互い
の機能を明確に分離して、その関係を定めて
ゆくからである。近代主義の典型と目されて
いる作品について、さらに形態の問題を探っ
てみよう。
ファン・ネレ工場(1930)の工場棟が、いわゆ
るバウハウス流インターナショナル・スタイ
ルの一つの結論的な表現であることは多くに
認められている。またその数々の表現は、工
場という建物の性格を示すのに非常に適した
新即物主義の疑いようのない具体例でもある。
さて、この工場棟の形態が、ドミノをそのまま
に援用したものであることは一目瞭然と思
われる。宙に浮く床スラブを完全に実施し
たバウハウスのカーテン・ウォールとは異
なり、スラブ上をスチール板で覆い立面を
八層に分割したために、ドミノ的な表現は
幾分か弱められた。けれどもガラスを通し
てうかがえる天井は、無梁構造として平面
を維持し、スラブに狭まれた空間の単一性
は保たれている。間仕切り壁には透明ガ
ラスを採用し、その連続性も表現された。こ
の工場は、いかなる意味においても、ドミノ
から直接的に導き出されるインターナショナ
ル・スタイルの原型なのである。それは、概
念が実際にも形態を生み出せるのだという数
少ない例でもある。したがって建築家に残さ
れた表現の余地、つまりは形態操作の可能性
は、プロポーションとディテールの納まりだ
けとなるだろう。

この建物が与えるあまりにも即物的な印象の
多くの要因は、ディテールにあると思われる。
曝き出しにされたスチールの素材感が引き起
こすそれである。パイプ部材で構成されたブ
リッジ、階段の踊り場に直接ボルト留めされ
た密閉ガラス、手摺の金網、屋上をひと巡り
するガラス掃除用の鋼鉄レール。ファサード
のカーテン・ウォールとともに、スチールは
まさにスチールであることを敢然と主張して
いる。しかも、それが軽さと繊細さのうち
に主張されたことが重要なのだ。素材その
ものによるこの並外れた表現能力は、もち
ろん新即物主義と呼ばれてしかるべき造形
デザインなのだが、それはたとえばオランダ
に伝統的な、煉瓦素材に向けられる裸形の視
線と同じ質のものではないだろうか。ベルラ
ーヘの株式取引所にみる煉瓦材の厳格極まり
ない扱いが、このファン・ネレ工場では鉄の
美学に置き変わっているのである。
サヴォワ邸が提供する表現には、さまざまな点
を考慮してもなお、ファン・ネレ工場とは大
きく隔たったものがある。ル・コルビュジエが
この住宅に強い閉鎖性を与えたことは確かで
ある。彼はそれを構造と形態との分離によっ
て実現したことは見逃せない。閉鎖性は、殊
に階上庭園を取り巻く〝水平連続窓〟の扱い
に見出せよう。　五原則の一つであったこの
開口部の形態は、古典との峻別の方途として
ル・コルビュジエが具体的に提示したもので
ある、と一般には諒解されている。立面が構
造から解放されたことを視覚化する上で、水
平連続窓はカーテン・ウォールと同じく最
も直截な表現であるとされる。事実、柱によ
って分断されることのないその姿は、歴史的
な建物にはまったくみられない。
しかし、外観に統一性を持たせるこの水平の
帯が内部空間の反映ではないことは、プラン
との比較から直ちに理解できるだろう。たと
えば、居間と食堂とが何故同じ窓によって貫

ファン・ネレ工場

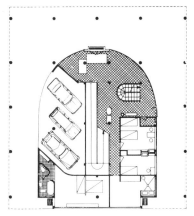
サヴォワ邸1階平面

カサ・デル・ファッショ

正面

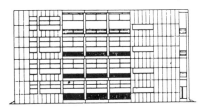
側面

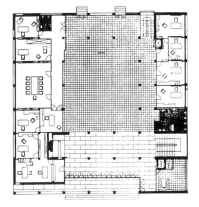
1階平面

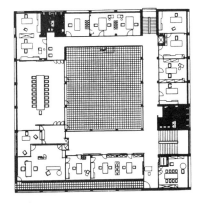
2階平面

かれる必要があったのかは、プランの構成からは説明がつかないのだ。居間と階上庭園との関係についても、階上庭園側にわざわざガラスのない水平窓を延ばす理由は、外観の印象を一定に保つためという以外のものはない。内部空間からは、確かにこの窓は開口部としての大きな意味を持つのであろうが、庭園という既に外気に開放された空間にとって、むしろそれは、閉じる壁とそこに穿たれた穴なのである。

したがってこのサヴォワ邸に関しては、平面と立面の形態上の関連は極めて薄く、構造とプランと形態の三者は、それぞれが独立変数として扱われていると見做さなくてはならない。構造と平面との間の独立性は、インターナショナル・スタイルとは異なった方法で視覚化された。彼は柱梁構造を採用し、それらを露出させることによって、間仕切り壁との分離を形にあらわしているのである。ドミノによって呈示されたスラブの平坦性——それは形態の体裁をとった概念にほかならなかったが——を保持するために、インターナショナル・スタイルはマッシュルーム・コラムを採用した。一方ル・コルビュジエは、梁の導入によって滑らかな空間の連続性を放棄しながら、梁、柱と壁との位置をずらせて両者の機能を分けたのである。サンドイッチされる空間が水平への拡がりという印象を与えないように、プランの分節によってそれが渦巻いて停帯する配慮も加えられた。サヴォワ邸の間仕切り壁は、空間の流動性に手がかりを与え次第に外へと開くのではなく、空間を断ち切り押え込むための、あくまでも壁なのだ。外観を決定する白い垂直面も、内部からの空間の横溢を食い止める働きを持つ壁なのである。被膜としての扱いではない。そして1階のU字形プランの採用では、上部形態による下部形態の自動決定への反論が述べられた。

したがって、ドミノを形として提唱した本人が、それはあくまでも概念図にすぎないことをサヴォワ邸によって表明したことになる。あまりにも断定的な形態ゆえに、サヴォワ邸は、五原則の即物的な明文化と見られがちであるが、五原則そのものが完成された理論でないことが、むしろザヴォワ邸を通して理解されるであろう。少なくともそれは、近代建築の構造とプランと形態との関係について、

一義的な判断を与えるべくして提出されたものではなかったのである。

カサ・デル・ファッショ(1936)に示された形態は、"近代"の意味を限定する際には、おそらくは重要な問題を提起するだろうと思われる。白い厳密な幾何学立体であることからして、それは直ちに同時代的な建築の美と同一視されがちなのだが、その形態とプランが、古典的なベイ・システムと同じくフレーム構造によって造形されていることは、注意を要することである。外観の非対称な相貌は、実は単に構造フレームの間隙の処理によって実現されているにすぎない。空間の分割も、明らかに柱と梁とが結合されるまさにその位置で、正確に行なわれている。プランは構造から自律しているわけではないのである。近代を定めるこれまでの考えからすれば構造とプランと形態の三者に互いの独立性が認め難い以上、この立体は近代性の表明ではないことになってしまう。いうなれば、それは近代の優れた構築技術そのものの姿にほかならないことになる。

テッラーニの表現は、1:2:2というその厳密なプロポーションにあらわれたように、イタリアに連綿とうち続く古典主義幾何学の延長として解釈するのが妥当かと思われる。その美しさは、もちろん十二分に認められてしかるべきだろう。ヴィトルヴィウス、ブルネッレスキ、ミケランジェロ、パッラディオらが、形態のプロポーション操作にこそ建築的表現の美を見出していたように、この建物は近代の技術によって裸形にされたプロポーションそのものなのである。1階中央ホールでは、天井に貼られた黒色大理石板が反射を繰り返して、垂直方向の対称性を視覚化している。外観に展開される見せかけの非対称性、内部で垂直にあらわれる見せかけの対称性。そのアイロニカルな表現手段は、形態の近代性を測定するシンメトリーという尺度の無意味さを指摘しているようでもあるだろう。

格子を外観デザインの基本にしたという点で、アスプルンドのイェーテボリ裁判所増築棟(1937)は、カサ・デル・ファッショと好対照をなしている。隣接する市庁舎との合致を図ったために、立面は、各層の高さをそれぞれに違えた複雑なプロポーションの格子を構成している。格子は構造フレームにほかならな

い。つまりこの外観では、構造が立面のデザインに従うという不思議な決定がなされたわけである。

中央にホールを配して、それをギャラリーが取り巻く形態も、カサ・デル・ファッショに酷似したものといえる。テッラーニはその空間を厳密な幾何学で封じ込めたのに対し、アスプルンドは、非常に穏やかな空間の拡散を実現した。その空間のたゆたいは、構造のH型鉄骨鉄筋コンクリートとは異なった位置に設けられた撓やかに丸みを描く寄木の壁と、ホールのあらゆるディテールを納める曲線の二つが演出するものである。ここでは、視線はどの方向に投げられても、それを断ち切るような直線と出遇うことがなく、いつでもものの表面を滑り逡巡するのである。これを温かい空間と呼ぶことに、何のためらいもない。しかしこの内部の親密性が、外観からではまったく見透かせないのである。フレームと窓の規則的な配列は、どうしてもそれと同じように分割された部屋を背後に予測するよう強いる。実際には、中央のホールと大柄に仕切られた三つの法廷しかないのである。したがって、外観でのフレーム構造の露出は明らかに意匠であり、また窓割りも同じ意味で意匠といわざるをえない。その窓は、水平連続窓であっても、あるいはカーテン・ウォールであってもよかったはずである。旧市庁舎との調和を求めるこの外観決定は、それがアスプルンドによって選択されたものであるという点で、文字通りの自由な立面であるだろう。ドミノに示された空間が纏った意匠であり、インターナショナル・スタイルとは構造上もプラン上も本質的な違いの何ら見当らない、古典的な貌の外観なのだ。外観は、まさしく外観の要請のみによって造形されたことになる。

自由な立面—壁の行方

幾つかの建築を検討してみると、外観や内部に示された近代建築の形態には、一定の基準があったとは言い切れないことが明らかになる。インターナショナル・スタイルの原型は、まずドミノやバウハウス校舎によって呈示された。床スラブを宙に浮かせたその澄んだ表現は、続くファン・ネレ工場では、直ちに水平線を強調する形態へと変形される。テッラ

ーニは、古典的な構成原理にしたがって、他の近代主義の建築との違いを感じさせない幾何学立体を巧妙にも実現させ、またアスプルンドは、むしろ古典性の強い外観のうちに、インターナショナル・スタイルの目指した空間を包み隠すことに成功した。そしてル・コルビュジエは、垂直の壁に多くを依存する形態を創り続けている。水平連続窓という選ばれた形態は、壁からの解放を象徴するというよりは、逆に、構造上の必要を失った壁に、なおその存在理由を持たせるためのル・コルビュジエの判断ではなかったかと思えるほどなのだ。それは、全面カーテン・ウォールへと傾斜してゆく近代主義に対する、抵抗の拠点となるべき形態であったかもしれない。

ル・コルビュジエの壁に注がれた熱い眼差しは、ロンシャンの教会堂(1955)やラ・トゥーレット修道院(1960)を通して、自由に舞い上がった。というのも、宗教建築こそは光に対する細心の注意が求められる建物であり、一般的にも壁の効果が最も期待される造形だからである。僧房を上層部に配置して、あたかも穴を穿ったかのようにぶ厚い面持ちでブリーズ・ソレイユを突出させたラ・トゥーレット修道院は、開口部を適度に配置した巨大な箱そのものと映る。開口部の形態には、ブリーズ・ソレイユの方眼、廊下を走る細いスリット、食堂に設けられた蛇腹の縦棧などの幾種かが準備された。外観では、それらの集合が規則的な配列を構成しないように、極めて慎重な位置づけが実施されている。特に南立面では、直方体の中央入口の左右に、講義室や食堂の縦の棧と水平に走る廊下のスリットを対置させ、その上部には途中まで立体感の十分なブリーズ・ソレイユの貫入を起こさせながら隅部に無愛想な壁面を残す、という複雑な構成である。開口部の形態は、もちろんその内部に控える空間の性格を反映しているわけだが、他方、この外観の構成が、逆にプランを決定したのではないかと思われる節もある。それほどに、立面は充実した構成なのである。たとえば上層部の僧房では廊下が中庭に面した側に配されているのに対して、図書館などの共同施設のあるその下の階では、廊下をその反対側、つまり南立面側に移すことで、壁面にスリットを走らせている。したがって、内部の空間が手に取るように見透か

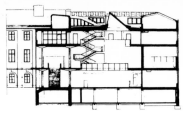

イェーテボリ裁判所増築棟立断面

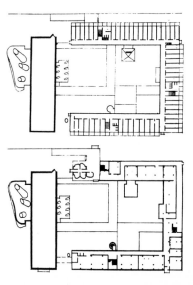

ラ・トゥーレット修道院

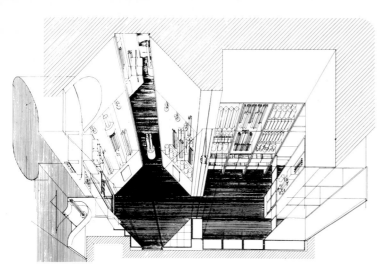

レッティ・ロウソク店

せるこの奇妙な厚みを持つ立体は、外観によってプランが決定された稀有な建築とみることもできるのだ。サヴォワ邸ではプランと形態との互いの独立こそが表現の眼目であった。ラ・トゥーレット修道院では、形態の描く自由さとプラン展開の自由さとのバランスが求められているわけである。表現は、その両者の拮抗の結果として一つの姿を結ぶ。

近代建築に対する大いなる誤解は、そろそろ解かれてもしかるべき時である。その誤解とは、建築を環境に向かって定立する形態に関する認識をめぐる誤解である。

近代建築の外観は、内部空間によって自動的に決定されるものであり、形態に対して内部空間の持つその優先権をいつの頃からか私たちは信じてきた。透明性という形容が、実際にも内部が直ちにそれと判明する外観をものにすることによって、近代建築を説明しきるように思ってきた。自由な立面の意味するところを、構造の制約から解き放たれた壁が自律的な構成原理を持つことだとは諒解せずに、壁の存在そのものの追放を意味するのだと解釈した。外観とは、いわばあのドミノの外周をガラスの被膜で囲むだけのものと受け取ってきた。

しかし、建築を基本的に構成する構造とプランと形態の三者の関係に、互いの自由を保証することこそは近代の精神の目標であったのだ。数々の近代建築はその証左を、明確に形態のなかに刻印しているだろう。関係が自由であるからには、この三者が歴史的な建築と同じように、再び強固に結びついてもよいわけだし、その間の力学を決定することがほかならない建築の表現なのである。ル・コルビュジエが五原則を提唱する際に、"コーニスの撤廃"

という第六の原則を用意していたようだとケネス・フランプトンは指摘している。仮りに一度はそれが考えられ、結局取り除かれたとするならば、それは「自由な立面」のより完全な意味での自由をル・コルビュジエが期したからと考えられる。古典主義的な造形をも、近代の自由な立面は容認するのである。そしてアスプルンドは、最初の古典主義形態を外観に持つ近代建築を創りあげたことになる。

60年代半ばに登場したハンス・ホラインのレッティ・ロウソク店が持っていた衝撃力は、明らかにその外観の形態に負っていた。あののっぺりとしたアルミの平面が提出されなかったならば、内部空間でのみごとな鏡の運用も、またそのディテールの異常なほどに凝縮された納まりも、それほどの反響を呼び起こしはしなかっただろう。ましてやこの小さな店舗では、構造の役割が言及されることすらない。レッティに関する限りは、形態がすべての視線に優先したのである。

形態をめぐる諸問題は、あまりにも唐突で、ひどく個人的な意見になってしまったり、客観性に浅い不慣れな扱いしかできないかもしれない。けれども近代建築の形態を凝視してゆくその不器用な態度は、とりあえずは、私たちをドミノへと引き戻すことになるだろうル・コルビュジエその人は、あのドミノの周囲にいかなる形態をめぐらそうとしていたのか、"自由"という20年代の輝かしい言葉はいったいどれほどの幅と深さとを持っていたのか。それを知るためには、以来多くの建築家たちによって築かれてきた建築を検証し直して、これまではそれぞれの個性や美意識として片づけられてきた形態の違いを明るみに引き出さなくてはならない。その困難な作業は、しかし、私たちの時代に向けて近代建築を開かれた状態のままに放つ、ただ一つの手だてのように思われる。繰り返しになるが、近代建築の表現とは、それぞれが解き放たれた構造とプランと形態との間に、ある一つの力学を描くことなのである。たまさかそれが歴史的な形態を独占的に排除したとしても、それは1920年代の社会と人びとが歴史を望まなかったからに過ぎない。選択された力学が歴史的なものであれば、近代建築は迷うことなく古い貌を見せてくれるだろう。

THE RELEASED WALL

Le Corbusier who learned the technique of ferro-concrete construction from Auguste Perret returned to his home town of La Chaux-de-Fonds and established the famous "Domino House Project" (1914). This clearly visualized architectural concept had a strong impact on the world of architecture in the 1920's. However, it is a strange observation that the actual buildings by Le Corbusier frequently do not show the exact domino forms, for in reality, most of his buildings exhibit exposed beams that disturb the homogeneous spaces. Moreover, the boundaries which determine external appearance are, in the common tradition, made with walls and not with the transparent glass which is the most suitable medium to guarantee the horizontal effluence of space. Generally, it would be true to say that Le Corbusier aimed at the enclosing of interior space rather than the release of interior space. This occasionally even gives the impression that he allows his Domino to do a handstand whereby the floor slab is transformed into a wall.

It is obvious that the Domino played a definitive part in establishing the concept of modern architecture. This concept was later translated into the more concrete practice of the "Five Points" (1926) whereby free plan and free facade were prescribed. However, the confusion is often contained in the excessive lucidity of the explanation, for there is no impression of the concrete when "Free" is given its full reign.

As everybody is aware, general interest in modern architecture soon graduated from a freedom of plan to a transparancy of space. Thus was the international style born. However, Le Corbusier seemed to believe that the independence of plan and vertical surfaces was total. In other words, he never come to the conclusion that the inner order of space automatically gives definite form to the external appearance. The free plan is created in space itself but, on the other hand, the vertical surface that comprises the external appearance of the building is the boundary which limits the freedom of space and is made meaningful by inhibiting the freedom. That is to say that the moulding of a solid surface is free in technique and structure and also this surface must necessarily be released from the plan. This causes the friction of the moulding with the interior space, but the form of the external appearance is not identical with the interior space. Here, the subject of form in modern architecture is divided into two directions. The difference between the works of Le Corbusier and Mies in their latest years, clearly shows this divergence in direction. The difference between them was already apparent in the 1920's as can be seen in the contrast between the Villa Savoye and the Barcelona Pavilion (1929). Le Corbusier tried to separate the inner order of space and the moulding of external appearance, whereas Mies tried to firmly combine both principles. In the Le Corbusier Center, though there is a roof, the space gives the impression of an extension to perpendicularity. Compare to this the New National Gallery where definition created by the structural body is the form of the space. Here, none of the walls, whether they act as outside walls or room dividers, are structural. The reason for their existence is primarily an expression of division and interpretation of space. On the other hand, the room divider of Le Corbusier represents a limitation, not a division. The outside wall is an expression of severance, not an interpenetration. Even Le Corbusier himself declared that "the floor is in fact, a horizontal wall".

According to the vicarious expressions of these two architects, the form of the external appearance and the role that a wall should play according to the precepts of modern architecture assume various aspects at both extremities of expression.

This being so, it is time to repair one of the great misunderstandings of modern architecture, the misconception about forms which establish architecture according to the prevailing circumstances. It has long been taken for granted that the external appearance of modern architecture should be automatically determined by interior space and that interior space should be given priority over form. We have been under the impression that the term "transparency" can completely explain modern architecture in that the actual interior space can determine the external appearance through exhibiting obvious evidence of this "transparency". We have filed to understand that a free facade means that the wall being released from the limitation of structure has an autonomous principle of composition. Rather, we have been under the impression that it means the total banishment of existence of the wall itself. We have imagined that the external appearance does nothing more, so to speak, than enclose the Domino in a glass capsule.

However, it was exactly the aim of modernism to guarantee the freedom of relationship between structure, plan and form, which are the basics of architecture. There is clear proof of this to be seen in the form of many modern buildings. The freedom of this relationship means that these three aspects can occasionally combine once again as in historical one, and to determine the dynamics between them is the true expression of modern architecture.

Kenneth Frampton points out that Le Corbusier might have indeed promulgated a Sixth Points along with his declaration of the "Five Principle" by advocating the banishment of cornice. If he once considered but finally omitted this last point it might have been because he expected the freedom of the "free facade" to be inviolate. The free facade of modern times have made classical moulding possible and Asplund was the first to introduce international style with a classical form.

The powerful impact of Hans Hollein's Retti Candle Shop, which made its appearance in the middle 1960's is clearly born from the form of external appearance. If it were not for the flat plane surface of alluminium, even the excellent use of mirrors in the interior and their unbelievable condensed arrangement, would not have created the sensation it did. Moreover, in this small shop, the role of structure is hardly noticeable. In the Retti Candle Shop, form is obviously of the highest priority.

The subject of form sometimes gives rise to opinions which are either desultory or personal, or is treated in an inexperienced manner with a total lack of objectivity. However, this awkward attitude of staring fixedly at the form of modern architecture makes us hasten back to the Domino. With what kind of form did Le Corbusier try to surround his Domino? How much real depth was there in the 1920's to that glorious word "Free"?

To find the answer, we have to look at the buildings which have been erected by numerous architects since that time and determine whether the differences in form are due merely to individuality or aesthetic sense. However, this daunting task seems to be the only method by which to make modern architecture openly acceptable in our times.

I repeat that the expression of modern architecture is to draw certain dynamics between the freedoms of structure, plan and form. If by accident it has also banished historical form, it has only been because the society and people of the 1920's did not desire the history. If the dynamics selected are historical, modern architecture cannot fail but to exhibit a classical aspect.

(Summary)

作家プロフィル

建築家の配列は年代順とした。尚、カール・エーン、ウォリス・ギルバートについては経歴不詳。

アントニオ・ガウディ・イ・コルネ 1852-1926

レウス生まれ、バルセロナ没。バルセロナ県建築専門学校を卒業、最初の実施作はカサ・ビセンス(1878)であった。1883年からサグラダ・ファミリア教会の建設に携わる。ゴシック様式の構造的な完成を期したガウディは、ヴィオレ=ル=デュクの合理主義の導入を図る一方、色彩豊かな造形で表現主義やシュルレアリスムとの接点もみられる。代表作のカサ・バトリョ(1906)やカサ・ミラ(1910)などモデルニスモ運動の典型と目されている。

ペーター・ヴィルヘルム・ヤンセン・クリント 1853-1930

画家であったクリントが建築を手がけるのは1896年以降と非常に遅れた。生涯をバルト海沿岸諸国の煉瓦建築の研究に費し、代表作グルントヴィ教会(1940,死後息子のカーレ・クリントが完成)やサンクト・サンス・トヴェー教会(1919)などは、ゴシックの精神に表現主義的な造形を加味した作風となった。

ヨーゼフ・フランツ・マリア・ホフマン 1870-1956

ピルニッツ(チェコスロバキア)生まれ、ウィーン没。ウィーン芸術アカデミーでハゼナウアーとワグナーに学び、1995年にローマ賞受賞。オルブリッヒとともにワグナーのスタジオに勤務、ウィーン・ゼツェッション運動の創立メンバーの一人となる。またK.モーザ,F.ヴェルンドルファーとともに1903年にウィーン工房を設立し、工芸デザインの近代化に貢献する。代表作のストックレ邸(1911)をはじめ非常に洗練された住宅作品を数多く残す。

チャールス・レニー・マッキントッシュ 1868-1928

グラスゴー生まれ、ロンドン没。グラスゴー美術学校で学び、1890年にフランスとイタリアへ留学、最初の実施作はグラスゴー・ヘラルド・ビルディング(1894)であった。1897年にグラスゴー美術学校の競技設計に入賞、構造の合理性やスコティッシュ・バロニアル様式の自由な変形など多くの近代性を導入した。代表作は他にヒル・ハウス(1903)や、ウィロー・ティールーム(1904)などがあり、家具を

はじめインテリア・デザインでも活躍した。

ヨハネス・フリードリッヒ(フリッツ)・ヘーガー 1877-1949

北ドイツ地方の表現主義を代表する建築家で、スタッフには棟梁と呼ばせていたという。素材としての煉瓦を偏愛し、代表作のチリハウス(1923)はその一大デモンストレーションであった。しかしスプリンケンホフ(1928)などハンブルクに建てられた他の煉瓦オフィス・ビルは比較的穏やかな表現にとどまった。

ウィレム・マリヌス・デュドック 1884-1974

アムステルダム生まれ、ヒルヴァーシャム没。王立士官学校で学び、技術者として最初は活動した。1915年から28年にかけてヒルヴァーシャム市の公共事業課長を勤め28年から49年まで同市の建築監となった。彼の建築活動はほとんどがヒルヴァーシャムに集中し、市庁舎(1931)をはじめ、70を越える建物が残されている。またパリ大学都市のオランダ館(1928)も手がけた。ライトやアムステルダム派、デ・スティルなどを巧みに折衷した作風を持つ。

エーリック・グンナール・アスプルンド 1885-1940

ストックホルム生まれ、同没。ストックホルム王立工科大学で学び、1909年に実務を開始。森の礼拝堂(1920)やストックホルム市立図書館(1928)などの古典主義的な作風が1930年のストックホルム博覧会によって一変した。続く国立バクテリア研究所(1937)やイェーテボリ裁判所増築(1937)、森林火葬場(1940)など作品は少なかったが、スカンディナビアの近代化に多大な影響を残した。

ルードヴィッヒ・ミース・ファン・デル・ローエ 1886-1969

アーヘン生まれ、シカゴ没。1938年にアメリカへ移住。父の石工業の手伝い(1900−02)、スタッコ・デザイナー(1903−04)などを経てベーレンス事務所に勤務(1908−11)する。H.マイヤーの後任として閉鎖される1933年までバウハウスの校長に就任した。ガラスの摩天楼計画(1919)で表現主義的なデザインを示したミースは、バルセロナ・パビリオン(1929)でインターナショナル・スタイルの純粋な具体化を実践した。アメリカ移住後も、イリノイ工科大学クラウン・ホール(1956)やIBMビル(1967)など数多くの作品を残し、20世紀の建築動向に多大な影響を及ぼした。

ル・コルビュジエ 1887-1965

ラ・ショオ・ド・フォン(スイス)生まれ。ペ
レとベーレンスの事務所勤務を経て、1922年
P.ジャンヌレとともにパリに事務所を構える。
ドミノ住宅計画(1914)や《エスプリ・スーヴォ》
(1920)、近代建築の五原則(1926)などを通じ
て近代建築運動を強力に推進してゆく。CI
AM設立(1928)メンバーの一人である。代表
作はエスプリ・ヌーヴォー館(1923)、ヴィラ
・サヴォワ(1931)、ロンシャンの教会(1954)、
チャンディガール合同庁舎(1958)など数多く、
近代建築の発展に常に決定的な影響を及ぼし
続けた。

ヘーリット・トーマス・リートフェルト 1888-1964

ユトレヒト生まれ、同没。父の家具工場を手
伝う間に、市立夜間学校でデッサンを学ぶ。
家具工場経営(1911-19)のかたわらJ.クラー
ルハーマーの元で建築に従事(1911-15)、19
19年以後、建築家としての活動に入る。シュ
レーダー邸(1923)の施主であったインテリア・
デザイナー、シュローダー・シュレーダーと
は1921年以降コンビを組み、1919年から31年
まではデ・スティルに参加、CIMA創立メ
ンバーの一人でもあった。

サー・エヴァン・オーウェン・ウィリアムズ
1890-1969

ロンドン生まれ、同没。ロンドン大学卒業後、
土木技師としての活動を経て、構造建築家と
して多くの建物を30年代に手がけ始めた。ヨ
ーロッパ大陸で確立しつつあったインターナ
ショナル・スタイルの、イギリスでの最初の
実施者の一人となった。最も有名な作品ブー
ツ工場(1932)は、マイヤールが開発したマッ
シュルーム・コラムのイギリス初の実施作品
でもあった。

ピエール・ルイジ・ネルヴィ 1891-1979

ソンドリオ(イタリア)生まれ、ローマ没。
ボローニャ大学で学んだ後、技師勤務を経て
1923年にローマで独立、生涯を鉄筋コンクリ
ートの構造美の探究に捧げた。フィレンツェ
のスタジアム(1932)や陸軍格納庫(1935)によ
って構造体の技術的、審美的両見地からの解
決を見出したといわれる。代表作に、トリ
ノ展示場(1949)やローマのスポーツ宮殿(1
957)などがある。また構造家としての共同設
計作品も多く、中でもジオ・ポンティと組ん
だピレリ・ビル(1958)が有名である。

ジオ(ジョヴァンニ)・ポンティ 1891-1979

ミラノ生まれ。ミラノ工科大学卒業後、リチ
ャード・ジノリのデザイナーを勤める(1923
-30)かたわら、E.ランチャと1927年に事務
所を開設。同年、テッラーニらとともにMIA
Rを結成、また雑誌「ドムス」を創刊し、初
代編集長となる(1928-41)。建築に限らずそ
の広範な活動は、イタリア近代デザインの動
向に多大な影響を残した。代表作にはローマ
大学数学研究室(1934)、ピレリ・ビル(1958)、
タラント大聖堂(1971)などがある。

ハンス・シャロウン 1893-1972

ブレーメン生まれ、ベルリン没。ベルリンの
シャルロッテンブルク工科大学で学び、1932
年以降、ベルリンに独立した事務所を開設。
1920年代のB.タウトら表現主義の建築家たち
との親交が、生涯の作風に大きな影響を与え
ることとなった。ワイゼンホフのジードルン
クでミースと共同で住宅を設計(1927)、鉄骨
構造のシュミンケ邸(1932)などが戦前の代表
作である。戦後はベルリン再開発の活動が多
く、ベルリンフィルハーモニー・ホール(19
63)や国立図書館(1978)の大作を残した。

リーンデルト・コルネリス・ファン・デル・フルーフト
1894-1936

ロッテルダム生まれ、同没。ロッテルダムの
ファン・ビールデンデ文化アカデミー卒業後、
ミシェル・ブリンクマンの事務所勤務(1921
-25)を経て以降ヨハネス・ブリンクマンと
事務所を共宰する。フルーフトの死まで続い
た共同活動の代表は、マルト・スタムがデザ
インで加わったファン・ネレ工場(1930)や
ロッテルダムのベルフポルダー・アパート(1
934)などがある。

フーゴ・アルヴァ・ヘンリック・アアルト
1898-1976

クオルタネ(フィンランド)生まれ、ヘルシ
ンキ没。ヘルシンキ工科大学を卒業後、1923
年にユヴァスキラに事務所を設立し実務を開
始。パイミオのサナトリウム(1933)によって
名声を獲得する一方、家具会社アルテクを設
立(1935)し、総合的な建築デザインを目指し
た。セイナッツァロ町役場(1952)以降、その
作風はフィンランドの風土と強く結びつき、
ヴォクセニスカの教会(1959)やオタニエミ工
科大学本館(1964)、フィンランディア・ホー
ル(1971)など独自の表現を確立した。

ベートホールド・ルベトキン 1901-

ティフリス（ロシア）生まれ。モスクワ工科大学で学んだ後、ペレの事務所勤務などを経てパリに事務所開設（1927-30）。1930年にイギリスへ移住、1932年から52年までロンドンでテクトン・グループとして活動。イギリスでの最初の作品はロンドン動物園の諸施設であったが、殊にコンクリートの流麗なランプで知られたペンギン・プール（1933）には、ロシア構成主義の影響が表われている。代表作はハイ・ポイントⅠ（1935）とフィズベリー健康センター（1938）である。

アーネ・ヤコブセン 1902-1971

コペンハーゲン生まれ、同没。コペンハーゲンの芸術アカデミーで学び、1930年より事務所を開設。G.アスプルンドとの深い交友があり、その最初の商業ビル作品の一つであったステリング・ハウス（1938）は、アスプルンドのイェーテボリ裁判所増築（1937）と多くの類似性を持っている。レドウレの市庁舎（1955）でその高度に洗練されたスタイルを確立する。アアルトと同様、家具や照明器具やシリンダー・シリーズのテーブルウェアなど工業デザインも手がけた。

マルセル（ライコ）・ブロイヤー 1902-1981

ペーチ（ハンガリー）生まれ、1937年にアメリカ移住。ワイマールのバウハウスを卒業（1924）し、引続きマイスターとして家具工房を担当（ワイマール及びデッサウ）、同時に建築家としての活動に入る。1925年に発表したスチール・パイプを用いた一連の椅子はあまりにも有名である。本格的な建築活動は、アメリカ移住後で、コネチカット州の自邸Ⅱ、Ⅲ（1947、51）やユネスコ本部（1958）、ＩＢＭリサーチ・センター（1961）、セント・ジョーン教会と大学（1970）などが代表作である。

ジュゼッペ・テッラーニ 1904-1943

ミラノ生まれ、コモ没。コモ工業学校卒業後、ミラノ工業大学で建築を学ぶ。兄アッティリオとともに1927年から39年までコモで事務所を開設、フィジィーニらとグルッポ7を結成、ＭＩＡＲ（イタリア合理主義建築運動）のメンバーでもあった。ムッソリーニによってロシア戦線に応召（1939）されるまでの短い建築活動ではあったが、代表作カサ・デル・ファッショ（1936）やノヴォコモン（1927）、サンテリア幼稚園（1937）などがコモに残された。

アルド・ヴァン・アイク 1918-

ドリーベルヘン（オランダ）生まれ。アムステルダムの公共事業課で建築家として勤務した後、1952年より独立して事務所を開設。1953年以降ＣＩＡＭを批判したチーム10のメンバーでもある。戦後のヨーロッパ建築界での前衛の一人であるヴァン・アイクの考え方は、建築は実用的な空間を提供するだけにとどまらず、人間活動の多様性にも応ずるものがなければならないというもので、アムステルダムの子供の家（1961）に端的に反映されている。

ジェームス・スターリング 1926-

グラスゴー生まれ。リバプール建築大学を卒業。1956年から63年にかけて、ジェームス・ゴーワンと共同で事務所を開設。出世作となったハムコモンの集合住宅（1957）やレスター大学工学部（1963）、ケンブリッジ大学歴史学部（1967）、フローリー・ビルディング（1971）など、そのダイナミックな造形表現は、戦後建築の発展の一翼を担うものとなっている。

BBPRスタジオ 1932-

ベルジオジョッソ、バンフィ、ペレスッティ、ロジャースの4人の建築家の頭文字をとった共同事務所で、1932年にミラノで設立された。当初はヨーロッパ近代建築の主流に歩調を合わせていたが、1939年に反ファシズム運動への方向を打ち出して以来、伝統と近代との接点を探る作風となった。トーレ・ヴェラスカ（1958）やブリッセル博覧会のイタリア館（1958）などの代表作がある。

ハンス・ホライン 1934-

ウィーン生まれ。イリノイ工科大学、カリフォルニア大学留学後、1964年にウィーンに事務所を開設。「絶対建築」（1962）による機能主義批判でデビューしたホラインは、最初の実施作レッティ・ロウソク店（1965）以降、シュリン宝石店Ⅰ（1974）、オーストリア旅行会社（1978）、メンヘングランドバッハ美術館（1982）など常にその動向は注目を集めている。

取材地メモ

注）本地図は筆者の取材メモから流用したものである。太字で建物名、細字で所在地、本書の
ページを記した。なお、建物の所在地は×印で記した。

注）シュレーダー邸については地図が入手できなかった。

Please take note that this map is taken from the notes on which the writer's
report was based. The names of the buildings are printed in bold type and
the places and page numbers are in normal type. The locations of the
buildings are indicated by crosses.

Please note that no map of Schröder House was available.

Palais Stoclet
281, av. de Tervurenlaan, 1150 Brussel　　　　20

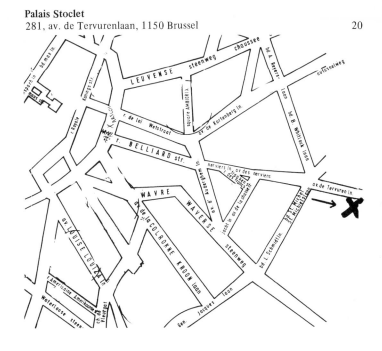

Glasgow School of Art
167, Renfrew St., Glasgow　　　　10

Grundtvig Church
Bispebjerg Torv. Copenhagen　　　　23

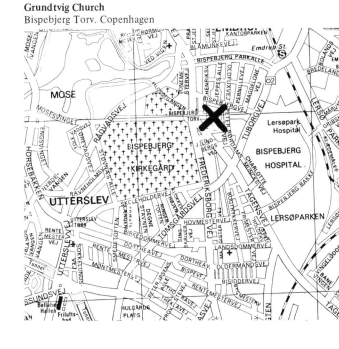

Eglise de la Colonia Güel
Colonia Güell, Santa Colomade Cervelló　　　　16

Chilehaus
Deichtor platz, Hamburg　　　　26

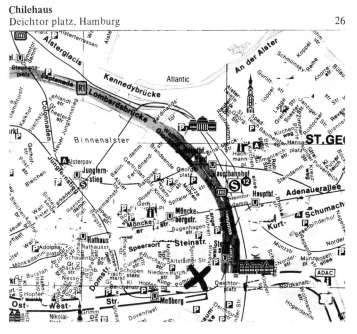

Hilversum City Hall
Raadhuis, Koninginneweg, Hilversum

32

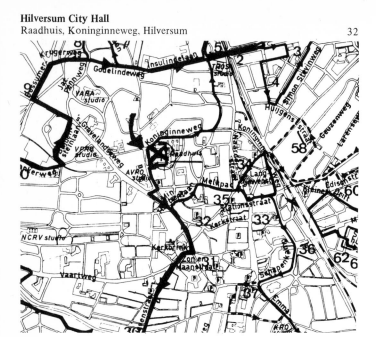

Villa Savoye
82 Chemin de Villiers, Poissy

43

Van Nelle Factory
Van Nelleweg 1, Blijdorp, Rotterdam

36

Daily Express Head Office
Fleet St. EC4, London

46

Karl Marx-Hof
Heiligenstäder St. 82-92, Vienna

40

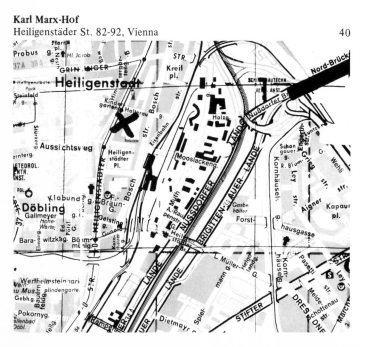

Cité-Refuge de l'Armée du Salut
12 rue Cantagrel, 13ᵉ, Paris

50

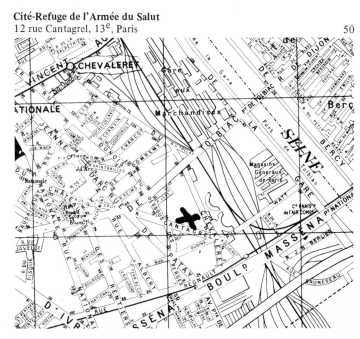

Hoover Factory
Western Av. Perivale, London   54

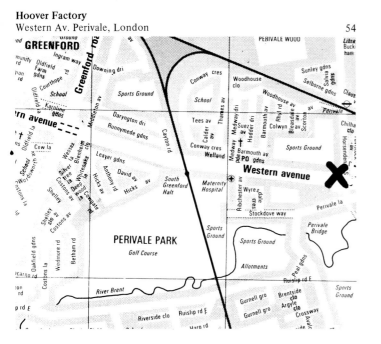

Highpoint I
North Rd. Highgate, London   62

Casa del Fascio
Piazza del Popolo, Como   58

Götengborg Court Annex
Rädhuset Gustaf, Adolfs Torg, Göteborg   65

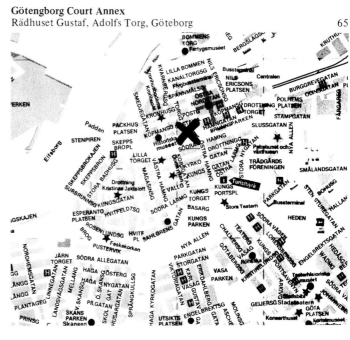

Unité d'Habitation
280 Boulevard Michelet, Marseilles   72

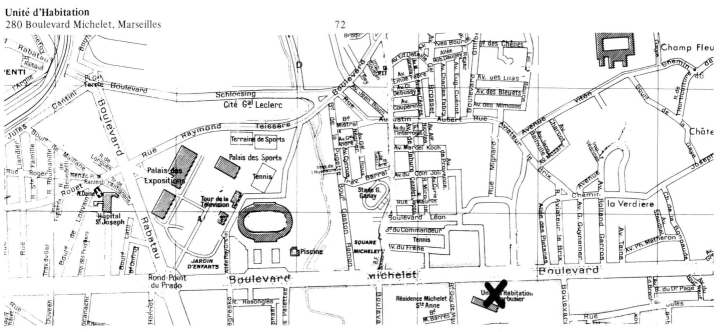

Palazzo per Esposizioni
Corso Massimo d'Azeglio, Torino   75

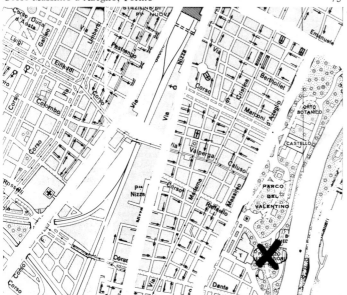

UNESCO Headquarters
Place de Fontenoy, 7ᵉ, Paris   86

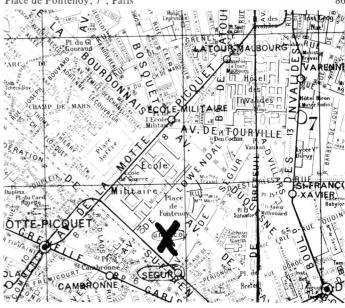

Nôtre-Dame-du-Haut
Ronchamp   77

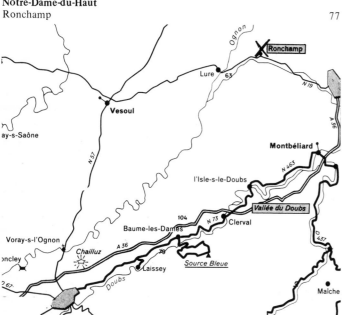

Flats at Ham Common
Longham House Close, Ham Common, London   92

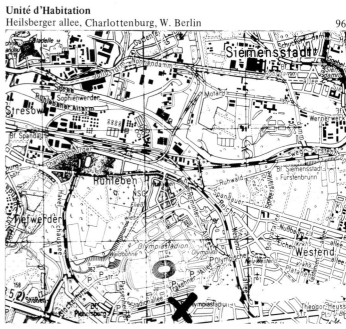

Kansaneläkelaitos Headquarters
Minna Canthin Katu 15, Helsinki   82

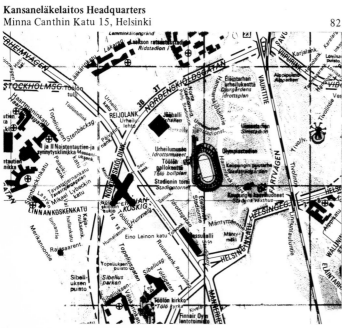

Unité d'Habitation
Heilsberger allee, Charlottenburg, W. Berlin   96

① **Pirelli Building**
Via Fabiofilze, Milano   89
② **Torre Velasca**
Corso di Porta Romana, Milano   102

SAS Royal Hotel
Hammerichsgade 1, Copenhagen   106

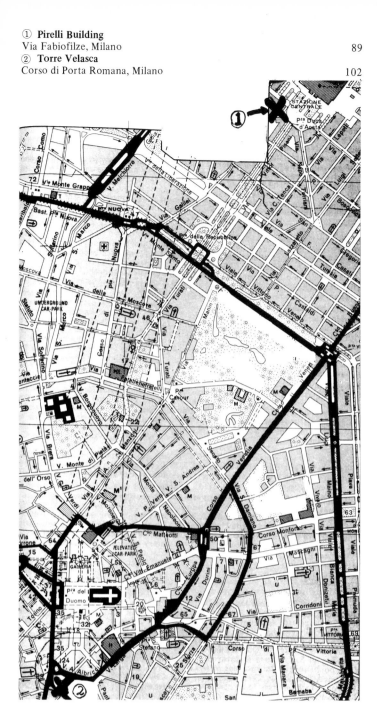

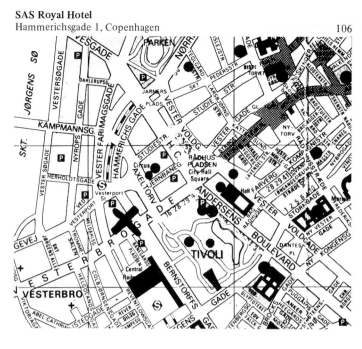

Le Couvent de La Tourette Monastery
69210 L'Arbresle   110

Kindertehuis
Sociaal Pedagogisch Centrum, Ijsbaanpad 3, Amsterdam   99

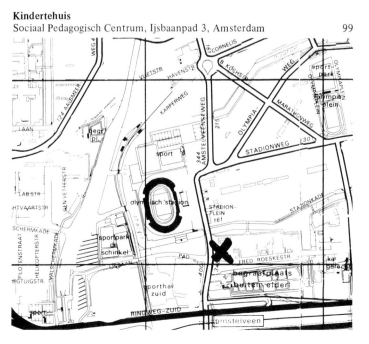

Leicester University Engineering Building
Leicester Univ., Victoria Park, Leicester   118

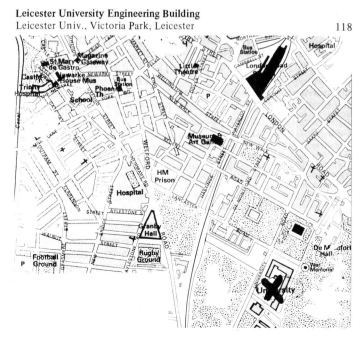

Enso-Gutzeit Headquarters
Kanavakatu, Helsinki   121

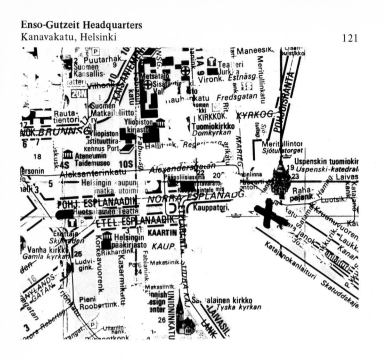

① Berling Philharmonic Hall
Kemperplatz, W. Berlin   125
② Neue National Galerie
Kemperplatz, W. Berlin   128

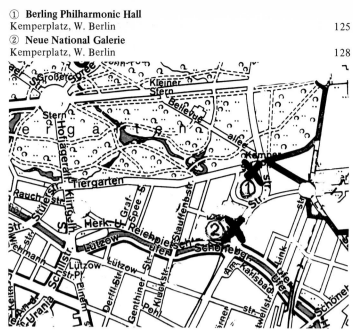

Kerzengeschaft Retti Candle Shop
1, Kerzengeschäft 10, Vienna   131

Centre Le Corbusier
Zürichhorn, Zürich   134

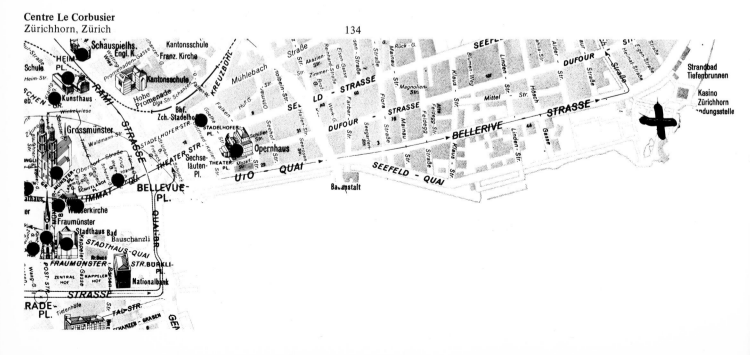

あとがき

このところ、建築の形態に対する関心が高まっている。近代主義が斥けてきたとされる古典的なモチーフが、単純化されて、建物の外装や内装を賑わし始めた。ポスト・モダンと呼ばれる建築の多くが、歴史からの引用形態を建物の表面に纏っているのは、紛れもない事実である。だがここで注意を要することは、それが空間や構造そのものの造形を操作するものであるとは必ずしも言い切れないことだろう。空間への性格づけを試みる有力な手段ではある。建物を煌びやかに披露する一つの表現方法でもある。けれども空間自体を、近代とは異なったある位相へと落としこむものではないと思われる。何故ならば、それらは表面であり、形態であるからだ。

長い間、形態のことが忘れられてきた。近代建築の多くは、その新しい造形の展開を構造とプランのうちに見出し、それに付随するものとして形態を扱ってきた。構造やプランに対する興味が、どうして、今、突然に失われてしまったのか。

幾つかの理由が考えられるだろう。たとえばもはや構造の技術上の発展が限界に近づきつつあること、空間に対する認識がひとわたり出尽してしまったことなど。そうして建築は、これまでにほとんど意識してはこなかった形態へと一斉に目を向けた。

近代建築にみる形態の違いは、よく目を凝らして見なければわからないほどに微細である。けれどもその微細な部分こそは、指導的なイデオロギーと個人とが対峙した唯一の証しであった。それは、今日の社会の下部構造を今だに支配し続ける産業の力学が、かつて社会の前面に押し出ていた時期に身を晒していた建築家個人の、細々とした人間的な営為にほかならない。むしろ社会の上澄みに基づく形態の美学よりも、それは苦しい戦いではなかっただろうか。

刺激的なポスト・モダンの形態は、いったい構造とプランとに、どのように係わっているのだろう。私には、近代が形成した位置と根本的に異なる関係をそれが描いているとはどうしても思えない。果たして形態とは、建築においてどんな意味を担っているものなのだろうか。

前書『織りなされた壁』と合わせて、本書は壁をめぐる扱いを中心とする形態の側面から、近代建築の展開を探るものである。全体の体裁はその歴史的な展開となったが、狙いは、近代建築がさまざまに切り拓いてきた創造の可能性を、形態を通して明らかにすることにある。私には、その創作が描く分散は、極めて充実した拡がりのように思えてならない。

本書の序文には、中村敏男氏より玉稿を賜わった。必ずしも論点が絞りきれたとはいい難い拙論に対して、中村氏の明晰な文章は、確固とした枠組みを与えて下さったのみならず、建築を考えてゆく上で、極めて重要な視座をも提供するものである。ここに衷心より感謝申し述べる次第である。また前書に引き続いて装幀をお願いした田村祐介氏、編集指導をお願いしたグラフィック社の赤平覚三氏、両氏の甚大なる協力が得られなかったならば本書は生まれてはいない。改めて深く感謝の意を表したい。

本書が、前書とともに建築のさらなる発展に対して幾許かの責務を果たすことができるならば、著者としてそれ以上の喜びはない。

1984年9月
下村純一

AFTERWORD

Recently, interest in architectural form has grown very high. Classical motifs, which modernism came to reject, have been simplified and are beginning to enliven the exteriors and interiors of buildings. It is without question a fact that most architecture which is called Post-Modern places historically cited forms on the surfaces of buildings. Nonetheless, care must be taken here not to assert that form is the handling of the formation of space and structure itself. It is an important method for attempting to attach character to space. However, it appears that it has not dropped space itself into a certain phase which is different from the modern phase. That is because there are surfaces, and there are forms.

For a long time form came to be forgotten. Most modern architecture tried to develop new formation within the structure and plan, and consequently came to treat form as being incidental to them. Now, however, interest in structure and plan seems suddenly to have been lost for some reason. Let's consider several possible reasons why. For example, while the development of structural techniques has already neared its limit, the understanding of space, among other things, has been incomplete. Further, as a consequence of this, architecture turns altogether towards form which, up until now, it has hardly been conscious of.

The difference in forms that we see in modern architecture are so minute that we will not understand their importance if we do not attempt to focus on them. It is unique testimony to the confrontation between leading ideologies and individuals. That minute difference of forms was nothing but the human endeavors of individual architects who refined themselves in an age when the dynamics of industry, which even now continue to control the understructure of society, had previously come to the fore in society. Was it not, rather, a painful struggle?

Still, how in the world is stimulating Post-Modern form related to structure and plan? What kind of meaning does from carry in architecture?

it does not appear to draw a relationship which differs fundamentally from the position constructed in modern period. If that is the case, then indeed what kind of meaning does from carry in architecture?

Together with a previous work, "Decorated Walls of Modern Architecture", this work searches for the development of modern architecture from the aspect of form as the center of treatment concerning walls. Though this work appears to be historical, the aim here is to make clear, through form, the possibilities for creativity which modern architecture has variously opened up. For me, the dispersion that creativity imagined cannot be thought of as completely extended.

Mr. Toshio Nakamura was gracious enough to have written the foreword for this book. Compared to my own muddled arguments, Mr. Nakamura's beautifully clear sentences not only provide a solid framework, but present a very important viewpoint for considering architecture. I want to express my deepest appreciation to him. Also, this book could not have come about if I had not received the generous co-operaton of both Mr. Yusuke Tamura, who produced the binding and design, drawing on the previous volume, and Mr. Kakuzo Akahira of the Graphic-sha Publishing Co., Ltd., who did the editing. Again, let me express my deepest gratitude.

If this work, together with the previous volume, is able to carry out its responsibility, however trivial, for the further development of architecture, then as the author I shall be very happy.

September, 1984

Junichi Shimomura

著者略歴

下村純一（Junichi Shimomura）

写真家。日本写真家協会会員。

1952年東京生まれ。早稲田大学理工学部および同大学第一文学部卒業。1977年㈱博報堂入社。1978年同社退社、以後フリーとして建築写真および建築評論活動を始め現在に至る。写真集に《貝の伽藍（アントニオ・ガウディの建築）》（グラフ社、1979年刊）、《織りなされた壁――近代建築への30年――》（グラフィック社、1983年刊）が、また共訳書に《図説・西洋建築物語》（グラフ社、1982年刊）がある。

〔現住所〕東京都渋谷区本町2の11の8

モダニズムの壁―――――装飾から構成へ

初版第1刷発行　1984年10月25日

著　者―――下村純一Ⓒ
発行者―――久世利郎
印　刷―――錦明印刷株式会社
製　本―――錦明印刷株式会社
写　植―――有限会社石井企画，M&M
発行所―――株式会社グラフィック社
　　　　　　〒102　東京都千代田区九段北1-9-12
　　　　　　TEL　東京03-263-4318　振替　東京3-114345
定　価―――3,500円

ISBN4-7661-0320-3　C3052　¥3500E